LEON TROTSKY

LENINE

1 9 2 5

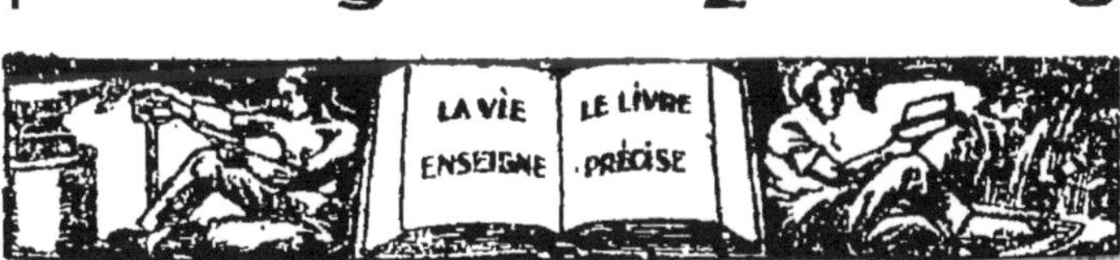

LIBRAIRIE DU TRAVAIL. 96, QUAI DE JEMMAPES. PARIS (10e)

LENINE

LEON TROTSKY

LENINE

1 9 2 5

LIBRAIRIE DU TRAVAIL. 96, QUAI DE JEMMAPES. PARIS (10e)

DU MÊME AUTEUR

L'Avènement du Bolchevisme.

Terrorisme et Communisme.

Nouvelle Étape.

Entre l'Impérialisme et la Révolution.

1905.

BROCHURES

Vingt lettres de Léon Trotsky (épuisé).

Du terrorisme (épuisé).

Les Soviets et l'Impérialisme mondial (épuisé).

La Commune de Paris et la Russie des Soviets.

Le Communisme en France et l'Internationale.

La Crise du Parti communiste français.

Le Salut du Parti communiste français.

La Nouvelle Politique économique des Soviets et la Révolution mondiale.

Jean Jaurès.

Le Drame du Prolétariat français.

Cours nouveau.

PRÉFACE

Ce livre n'est pas achevé, et cela dans les deux sens du mot. D'abord, il serait absolument inutile d'y chercher une biographie de Lénine, ou bien une esquisse de son caractère, ou bien un exposé détaillé et complet de ses opinions et de ses méthodes d'action. Le présent ouvrage n'offre que des matériaux à mettre en œuvre, les linéaments, les croquis d'un travail futur, qui sera peut-être aussi celui du signataire de ces lignes. Ce procédé d'ébauchage est pourtant inévitable et indispensable. A côté des biographies populaires et des études d'ensemble sur le caractère de Lénine, il devient nécessaire dès à présent de fixer avec plus de détails et plus de soin certains épisodes, certains traits de la vie et de la personnalité de Lénine tel qu'il a passé sous nos yeux. La partie la plus considérable de ce livre est composée de souvenirs de l'auteur sur deux périodes séparées par un intervalle de quinze ans : le dernier semestre de l'ancienne Iskra (L'Etincelle) *et l'année décisive au centre de laquelle se trouve la Révolution d'Octobre, c'est-à-dire approximativement du milieu de 1917 à l'automne de 1918.*

Mais ce livre n'est pas achevé dans un autre sens, plus étroit : j'espère que les circonstances me permettront d'y travailler encore, d'y apporter des cor-

rections, des précisions, et de le compléter par de nouveaux épisodes, de nouveaux chapitres. La maladie et la suspension d'activité pratique dont cette maladie a été cause pour un temps m'ont permis de reconstituer dans ma mémoire bien des choses qui sont racontées dans ce livre. En relisant mes premières esquisses, je continuais à dérouler la pelote des souvenirs, à me rappeler des faits significatifs au moins en ceci qu'ils se rapportent à la vie de Lénine ou qu'ils ont trait à son caractère. Mais cette méthode de travail comporte un inconvénient : la production qui en résulte ne peut jamais arriver à son achèvement. Et c'est pourquoi je me décide, à un certain moment, à couper net le manuscrit et à en publier le premier morceau. Je n'en conserve pas moins, comme je l'ai déjà dit, le droit de travailler encore sur ce livre. Il est inutile d'ajouter que je serai toujours reconnaissant à tous les acteurs des événements et des épisodes compris dans la période dont je parle, s'ils apportent des corrections à mon travail ou ravivent tels ou tels souvenirs.

Il n'est pas superflu de signaler qu'un certain nombre de circonstances ont été passées sous silence volontairement, parce qu'elles touchent de trop près aux discussions du jour présent.

Aux deux parties essentielles du livre qui ont le caractère de souvenirs, je joins les articles et les discours, ou les parties de discours, dans lesquels il m'est arrivé de caractériser Lénine.

Travaillant sur des souvenirs, je ne me suis servi, pour ainsi dire, d'aucuns matériaux se rapportant à l'époque que je dépeins. Il m'a semblé que, puisque mon but n'était pas de donner une étude historique complète sur une période déterminée de la vie de Lénine, mais que je voulais seulement fournir des matériaux de première main, ceux précisément que je pouvais donner de moi-même, mieux vaudrait n'utiliser que ma propre mémoire.

Lorsque le travail fut rédigé dans son ensemble, je relus le tome XIV des Œuvres *de Lénine et le petit livre du camarade Ovsiannikov sur la Paix de Brest-Litovsk; j'ajoutai alors à mon ouvrage quelques traits complémentaires. Ces additions sont très peu nombreuses.*

L. TROTSKY.

P.-S. — *En relisant ce livre, je remarque que, dans mes souvenirs, j'appelle Léninegrad tantôt Pétrograd, tantôt Pétersbourg. Or, certains camarades désignent par le nom de Lénine même le Pétrograd d'autrefois. Il me semble que c'est une faute. Peut-on dire, par exemple : Lénine fut arrêté à Léninegrad? Il est clair qu'à Léninegrad, on n'aurait pu arrêter Lénine. Il serait encore plus étrange de dire: Pierre Ier fonda Léninegrad. Peut-être, avec le cours des années, de dizaines d'années, le nouveau nom de la ville, comme en général tous les noms propres, perdra-t-il sa qualité de vivant souvenir historique. Mais en ce moment nous sentons trop nettement que Pétrograd n'est Léninegrad que depuis le 21 janvier 1924 et que ce nom ne pouvait être adopté plus tôt. Voilà pourquoi, dans mes souvenirs, je conserve à Léninegrad l'appellation qui servait à l'époque que je décris.*

21 *Avril* 1924. L. T.

LÉNINE

LÉNINE ET L'ANCIENNE "ISKRA"

« La scission de 1903 était, pour ainsi dire, une anticipation... »
(Propos de Lénine en 1910).

Sans aucun doute, pour le futur grand biographe de Lénine, la période de l'ancienne *Iskra* (l'*Etincelle*) (1900-1903) présentera un intérêt psychologique exceptionnel et, en même temps, de grandes difficultés : car c'est précisément pendant ces brèves années que Lénine devient Lénine. Cela ne signifie pas qu'il cessera de grandir. Bien au contraire, il grandit, — et dans quelles proportions! — jusqu'à Octobre et encore depuis Octobre. Mais c'est une croissance désormais plus organique. Le bond était immense, de la conspiration politique au pouvoir du 25 octobre 1917; mais c'était, pour ainsi dire, un déplacement tout matériel, tout extérieur de l'homme qui avait déjà mesuré et pesé tout ce qui pouvait se peser et se mesurer. Tandis que dans la croissance qui précéda la scission au II° Congrès du Parti, il y a un élan imperceptible extérieurement, mais d'autant plus décisif qu'il était tout intérieur.

Les présents souvenirs ont pour but de fournir au futur biographe quelques données sur cette période

2

extrêmement mémorable et significative du développement spirituel de Vladimir Ilitch. Depuis ce temps-là jusqu'au jour où l'on écrit ces lignes, plus de deux dizaines d'années se sont écoulées, et ce sont des cycles fort chargés pour la mémoire humaine. Aussi pourra-t-on éprouver de naturelles appréhensions : dans quelle mesure ce récit reproduira-t-il exactement ce qui s'est passé? Je dirai n'avoir pas laissé de ressentir la même crainte, et cela pendant tout le temps de mon travail, sachant qu'il existe déjà trop de souvenirs incohérents et de témoignages inexacts. En écrivant cet essai, je n'avais sous la main absolument aucun document, aucun recueil de références, aucun dossier, etc. Je pense pourtant que cela n'en vaut que mieux. J'ai dû m'appuyer uniquement sur ma mémoire et j'espère que son travail, spontané, en de telles conditions, a été mieux protégé contre les involontaires retouches rétrospectives que l'on évite si difficilement même quand on exerce sur soi-même une critique des plus serrées. Et enfin, pour les recherches futures, cette critique n'en sera que plus facile quand on prendra en mains les documents et, en général, tous les dossiers qui concernent ce temps lointain.

En certains passages, je cite des conversations et des discussions d'alors, en les présentant sous la forme dialoguée. Bien entendu, il serait impossible de prétendre à une exacte reproduction des dialogues après plus de vingt ans écoulés. Mais pour le fond, ce me semble, ma plume m'est fidèle, et pour certaines expressions plus vives, la reproduction est littérale.

Comme il s'agit de matériaux pour une biographie de Lénine, et que par conséquent cela présente une exceptionnelle importance, on me permettra, j'espère, de dire quelques mots sur certaines particularités de ma mémoire. Je me souviens très mal de la topographie des villes et même des logements. A Londres, par exemple, je me suis égaré plus d'une fois sur la distance relativement insignifiante qui séparait le logement de Lénine du mien. Pendant longtemps, j'ai eu une très mauvaise mémoire des physionomies, mais, dans ce sens, j'ai fait des progrès notables. En revanche, je me rappelais et je me rappelle très bien les idées, leurs combinaisons et les entretiens sur des idées. Ce jugement que je porte n'est pas subjectif, j'ai pu m'en persuader et le vérifier bien des fois : d'autres personnes, qui avaient assisté aux mêmes entretiens, les transmettaient avec moins d'exactitude que moi et acceptaient mes corrections. Il faut ajouter à cela cette circonstance, qu'en arrivant à Londres, j'étais un jeune provincial qui avait très envie de tout connaître et de tout comprendre le plus rapidement possible. Il est donc naturel que mes conversations avec Lénine et d'autres membres de la rédaction de l'*Iskra* se soient fortement gravées dans ma mémoire. Ce sont là des motifs dont le biographe devra tenir compte quand il voudra juger de la valeur historique des souvenirs qui vont suivre.

J'arrivai à Londres en 1902, en automne, en octobre je crois, un matin, de bonne heure. En gesticulant, je réussis à me faire comprendre d'un cocher et le cab me conduisit à une adresse que j'avais sur un papier et qui était le lieu de ma destination. Cet endroit, c'était le logement de Vladimir Iliitch. On m'avait fait la leçon d'avance (ce devait être à Zurich), on m'avait dit de frapper un certain nombre de fois avec l'anneau de la porte. Autant que je me rappelle, ce fut Nadejda Konstantinovna (1) qui vint m'ouvrir; elle avait dû sauter du lit, je pense, au bruit que je faisais. L'heure était trop matinale et un homme plus expérimenté que moi, plus accoutumé aux bonnes habitudes de la civilisation, aurait attendu tranquillement une heure ou deux à la gare, au lieu de venir heurter, on pourrait dire dès l'aube, à la porte d'autrui. Mais je gardais encore l'élan de mon évasion de Verkholensk. De la même manière, ou à peu près, à Zurich, j'avais envahi l'appartement d'Axelrod, non pas à l'aube, mais en pleine nuit.

Vladimir Iliitch était encore au lit et, sur son visage, l'amabilité se nuançait d'un compréhensible étonnement. C'est dans ces conditions qu'eut lieu notre première entrevue et que nous causâmes pour la première fois. Vladimir Iliitch et Nadejda Konstantinovna me connaissaient déjà par une lettre de Clair (M. G. Krjijanovsky), lequel, à Samara, m'avait pour ainsi dire introduit officiellement dans l'organisation de l'*Iskra* sous le pseudonyme de « Péro » (la Plume). C'est ainsi que l'on m'accueillit : « Péro » était arrivé... On m'offrit du thé, je crois dans la cuisine-salle à manger. Lénine, pendant ce temps, s'habillait. Je racontai mon évasion et me plaignis du mauvais état de la « frontière » (organisation de passage à l'étranger) de l'*Iskra* : elle se trouvait entre les mains d'un « gymnasiste » (lycéen) socialiste-révolutionnaire qui traitait les camarades de l'*Iskra* sans grande sympathie, en raison d'une dure polémique qui s'était déclanchée; en outre, les contrebandiers m'avaient impitoyablement dépouillé, en exagérant tous les tarifs et les rétributions convenues. Je remis à Nadejda Konstantinovna un ensemble as-

(1) Prénom et nom patronymique de Kroupskaïa, femme de Lénine. — N. DE L'ÉD.

sez modeste d'adresses et de lieux de rendez-vous, ou plus exactement des informations sur la nécessité de supprimer certaines adresses qui ne valaient rien. Par commission du groupe de Samara (de Clair et d'autres) j'avais visité Kharkov, Poltava, Kiev, et presque partout, ou, en tout cas, à Kharkov et à Poltava, j'avais pu me rendre compte de l'état extrêmement défectueux des liaisons entre organisations.

Je ne me rappelle pas si c'est ce matin-là ou le jour suivant que je fis avec Vladimir Iliitch une grande promenade dans Londres. Il me montra Westminster (du dehors) et d'autres édifices remarquables. Je ne me rappelle pas comment il dit, mais il mit dans sa phrase cette nuance : « C'est *leur* fameux Westminster ». — « Leur » se rapportait, bien entendu, non aux Anglais, mais aux ennemis. Cette nuance qui n'était nullement soulignée, profondément organique, exprimée surtout par le timbre de la voix, se retrouvait toujours chez Lénine lorsqu'il parlait de valeurs culturelles, de progrès récents, de l'installation du *British Museum*, de la richesse des informations du *Times*, ou, bien des années plus tard, de l'artillerie allemande ou de l'aviation française : « *ils* » *savent*, « *ils* » *possèdent*, « *ils* » *ont fait*, « *ils* » *ont obtenu*, — *mais quels ennemis!* Une ombre imperceptible, celle de la classe des exploiteurs, semblait s'étendre à ses yeux sur toute la culture humaine, et cette ombre lui était toujours sensible, aussi indubitablement apparente que la lumière du jour.

Autant qu'il m'en souvienne, cette fois-là, je marquai fort peu d'attention pour l'architecture londonienne. Brusquement jeté de Verkholensk à l'étranger, où je me trouvais d'ailleurs pour la première fois, je ne prenais alors de Vienne, de Paris et de Londres que de premières impressions très sommaires, et je n'avais que faire encore de « détails », tels que le Palais de Westminster. Au surplus, ce n'était pas pour cela, on le conçoit, que Vladimir Iliitch m'avait entraîné à cette grande promenade. Son but était de faire connaissance et de me soumettre à un examen.

Et l'examen porta en effet « sur toutes les matières du cours ». A ses questions, je répondis en décrivant la composition du contingent exilé sur la Léna et les groupements intérieurs qui s'y dessinaient. La grande ligne de partage des tendances se définissait alors par les opinions que l'on professait sur la lutte politique active, sur le centralisme d'organisation et sur la terreur.

— Bon, mais existe-t-il des dissentiments théoriques au sujet de la doctrine de Bernstein? demanda Vladimir Iliitch.

Je racontai que nous avions lu le livre de Bernstein et la réplique de Kautsky, — nous avions lu cela dans la prison de Moscou et ensuite sur les lieux de déportation. Pas un marxiste, parmi nous, n'avait élevé la voix en faveur de Bernstein. On estimait, comme allant de soi, que Kautsky avait raison. Mais entre les débats théoriques qui se poursuivaient alors sur le plan international et nos discussions d'organisation politique, nous n'établissions aucun rapport, nous ne nous arrêtions même pas à la pensée d'un rapport possible, du moins jusqu'au moment où, sur la Léna, apparurent les premiers numéros de l'*Iskra* et la brochure de Lénine : *Que faire?*

Je racontai encore que nous avions lu avec beaucoup d'intérêt les premiers petits livres philosophiques de Bogdanov. Je me rappelle très fermement le sens d'une observation de Vladimir Iliitch à cet égard : le petit ouvrage traitant de la nature considérée d'un point de vue historique lui paraissait, à lui aussi, très appréciable, mais — voilà! — Plékhanov ne l'approuvait pas, il disait que ce n'était pas du matérialisme. A ce moment-là, Vladimir Ilitch n'avait point d'opinion sur cette question, il se contentait de rapporter l'avis de Plékhanov, dont il respectait l'autorité philosophique, mais non sans en être quelque peu déconcerté. L'appréciation de Plékhanov me surprit aussi beaucoup.

J'interrogeai encore Vladimir Iliitch sur les questions économiques. Je lui dis comment, dans la prison de transfert des déportés, à Moscou, nous avions étudié collectivement son livre : *Le Développement du Capitalisme en Russie,* et comment, en Sibérie, nous avions travaillé sur *Le Capital,* mais nous nous étions arrêtés au tome II. Je rappelai l'énorme quantité de données statistiques qui avait été mise en œuvre dans *Le Développement du Capitalisme.*

— A la prison de Moscou, nous avons parlé plus d'une fois avec admiration de ce travail gigantesque.

— Dame! cela ne s'est pas fait d'un seul coup, répondit Lénine.

Il lui était visiblement agréable de constater que de jeunes camarades étudiaient attentivement le plus important de ses ouvrages économiques.

Nous causâmes ensuite de la « doctrine » de Makhaïsky, de l'impression qu'elle avait pu produire sur les déportés, de ceux, plus ou moins nombreux, qu'elle avait pu séduire. Je racontai que le premier cahier polycopié de Makhaïsky nous était venu « de haut lieu » sur la Léna, et avait produit sur la majorité d'entre nous une forte impression par sa violente critique de l'opportunisme social-démocrate, en quoi il y avait coïncidence avec la marche de nos propres pensées, déterminée par la polémique entre Kautsky et Bernstein. Le deuxième cahier, où Makhaïsky « arrachait le masque » des formules marxistes sur la production, y voyant une justification théorique de l'exploitation du prolétariat par les intellectuels, nous avait indignés et déroutés. Enfin, le troisième cahier, que nous avions reçu plus tard et qui contenait un programme positif, dans lequel les survivances de « l'économisme » se conciliaient avec un embryon de syndicalisme, nous avait donné le sentiment d'une absolue inconsistance.

Quand nous en vînmes à parler de mon travail futur, la conversation se borna, bien entendu, à des généralités. Je voulais avant tout prendre connaissance de ce qui avait été récemment publié et je pensais rentrer ensuite illégalement en Russie. Il fut décidé que je commencerais par « regarder autour de moi ».

Nadejda Konstantinovna me conduisit, pour me loger, dans un autre quartier, dans une maison où habitaient Zassoulitch, Martov et Blumenfeld, qui dirigeait l'imprimerie de l'*Iskra*. Il se trouva là une chambre libre pour moi aussi. L'appartement, selon la disposition habituelle des logements anglais, était réparti non en largeur, mais verticalement : dans la chambre du bas demeurait la maîtresse de maison et ses locataires habitaient l'un au-dessus de l'autre. Il y avait encore une chambre libre, qui servait de salle commune, et à laquelle Plékhanov, après sa première visite, avait donné le nom de *repaire*. Dans ce capharnaüm, un peu par la faute de Véra Ivanovna Zassoulitch, mais aussi avec la complicité de Martov, régnait le plus grand désordre. C'est là que l'on prenait le café, que l'on se réunissait pour causer, que l'on fumait, etc. De là le surnom de cet antre.

Ainsi débuta la courte période londonienne de mon existence. Je me jetai avidement sur les numéros de l'*Iskra* et les brochures de *Zaria*. C'est également à cette époque que remonte ma collaboration à l'*Iskra*.

Pour le deuxième centenaire de la fondation de la forteresse de Schlüsselbourg, je rédigeai une note qui fut, je crois, mon premier travail pour l'*Iskra*. Cette note s'achevait sur une citation d'Homère, ou plus exactement du traducteur russe d'Homère, Gnéditch, je parlais des « mains invincibles » que la révolution jetterait sur le tsarisme (en route vers la Sibérie, en wagon, j'avais dévoré *l'Iliade*). La note plut à Lénine. Mais au sujet des « mains invincibles », il tomba dans un doute légitime qu'il m'exprima avec un rire bonhomme. « Mais c'est tiré d'un vers d'Homère », répondis-je pour me justifier; cependant, j'avouai volontiers que la citation classique n'était pas indispensable. On pourra trouver cette note dans l'*Iskra*, mais sans les « mains invincibles ».

C'est alors que je fis mes premières conférences à White-Chapel, où je « me mesurai » avec *le vieux* Tchaïkovsky (déjà, celui-là était un vieux) et avec l'anarchiste Tcherkézov, qui n'était pas jeune non plus. En résultat, je fus sincèrement étonné de voir que de fameux émigrés à barbe grise étaient capables de débiter des bourdes de première grandeur. Notre liaison avec White-Chapel était assurée par le vieux « londonien » Alexéev, un émigré marxiste qui était en rapport avec la rédaction de l'*Iskra*. C'est lui qui m'initia à la vie anglaise et il fut en général pour moi la source de toutes sortes de notions et connaissances. Il me souvient qu'à la suite d'une conversation circonstanciée avec Alexéev sur le chemin de White-Chapel et retour, je communiquai deux opinions de lui à Vladimir Iliitch, l'une concernant la chute du régime russe, l'autre sur le dernier livre de Kautsky. Le changement de régime, disait Alexéev, devait se produire non graduellement, mais avec une extrême brusquerie, à cause de la *rigidité* de l'autocratie. Ce mot de *rigidité* se grava fortement dans ma mémoire.

— Eh bien, mais, il peut avoir raison, dit Lénine après avoir écouté mon récit.

L'autre jugement d'Alexéev se rapportait au livre de Kautsky : *Le Lendemain de la Révolution sociale.* Je savais que cette brochure intéressait beaucoup Lénine, que, comme il me le disait lui-même, il l'avait lue deux fois et venait de la reprendre une troisième fois; il me semble que c'est lui qui se chargea de mettre au point la traduction russe. Quant à moi, je venais d'étudier attentivement cet ouvrage, suivant le conseil de Vladimir Ilitch. Or, Alexéev trouvait que c'était l'écrit d'un opportuniste.

— Im-bé-ci-le, dit tout à coup Lénine, et il fit une moue comme il lui arrivait quand il était mécontent.

Pour ce qui est d'Alexéev, il considérait Lénine avec le plus grand respect :

— J'estime, disait-il, que, pour la révolution, Lénine est plus important que Plékhanov.

Je ne répétai pas ce propos à Lénine, bien entendu, mais je le dis à Martov qui ne répondit mot.

La rédaction de l'*Iskra* et de *Zaria* se composait, on le sait, de six personnes : trois « vieux », Plékhanov, Zassoulitch et Axelrod, et trois jeunes, Lénine, Martov et Potressov. Plékhanov et Axelrod vivaient en Suisse. Zassoulitch résidait à Londres, avec les jeunes. Potressov, à cette époque, se trouvait quelque part sur le continent. Cette dispersion des collaborateurs présentait certains inconvénients, mais Lénine ne paraissait pas s'en ressentir, il en était même satisfait. Avant de me laisser repasser la Manche, il m'initia avec circonspection aux affaires intérieures du journal et me dit, entre autres choses, que Plékhanov insistait pour que toute la rédaction vînt s'établir en Suisse, mais que lui, Lénine, était opposé à ce transfert parce que cela ne pourrait que gêner le travail. C'est alors que je compris pour la première fois, ou plutôt devinai à de faibles indices, que le séjour de la rédaction à Londres devait s'expliquer par des considérations où la police, sans doute, jouait son rôle, mais où l'influence des rédacteurs était aussi pour quelque chose. Lénine désirait, dans le travail courant d'organisation politique, le plus possible d'indépendance vis-à-vis des « vieux » et, surtout, de Plékhanov, avec lequel il avait déjà eu de graves conflits, surtout en élaborant un projet de programme du Parti. Les médiateurs, dans de pareils cas, étaient Zassoulitch et Martov : Zassoulitch jouait en quelque sorte le rôle de témoin de Plékhanov, dans ces duels, et Martov était le témoin de Lénine. Les deux intermédiaires étaient tout disposés à obtenir la conciliation et, en outre, ils avaient l'un pour l'autre beaucoup d'amitié. Je n'arrivai que peu à peu à connaître les très sérieux différends qui s'étaient élevés entre Lénine et Plékhanov sur la partie théorique du programme. Je me rappelle que Vladimir Iliitch me demanda ce que je pensais du programme que l'on venait de publier (dans le numéro 25 de l'*Iskra*, si je ne me trompe). Mais je ne m'étais assimilé ce programme que dans les grandes lignes et j'étais incapable, par conséquent, d'exprimer une opinion sur la question intérieure qui intéressait Lénine. Les dissensions portaient sur la nécessité, selon Lénine, de définir plus nettement et catégoriquement les tendances essentielles du capitalisme, la concentration de la production, la décadence des classes intermédiaires, la différenciation des classes, etc.; sur ces questions, Plékhanov demandait plus de réserves et de circonspection. Le programme, comme on sait, est tout parsemé de « plus ou moins » qui viennent de Plékhanov. Autant qu'il m'en souvienne, d'après ce que nous racontèrent Martov et Zassoulitch, la première ébauche de Lénine, opposée à celle de Plékhanov, avait fait l'objet d'une très dure appréciation de ce dernier, formulée sur un ton de raillerie hautaine, par quoi se distinguait, dans ces cas-là, Georges Valentinovitch. Mais ce n'était pas ainsi, bien entendu, que l'on pouvait décourager ou intimider Lénine. Le conflit prit un caractère tout à fait dramatique. Véra Ivanovna, elle-même l'a raconté, disait à Lénine :

— Georges (Plékhanov) est un lévrier : il mordille bien mais il finit toujours par lâcher; vous êtes un bouledogue : quand vous mordez, vous ne lâchez plus.

Je me rappelle très bien cette phrase, ainsi que la conclusion de Zassoulitch :

— Lénine fut très content de cette comparaison.
— « Je mords et je ne lâche plus ?... C'est ça? » demanda-t-il encore, avec plaisir.

Et Véra Ivanovna imitait avec une bonhomie railleuse l'intonation.

Durant mon séjour à Londres, Plékhanov y vint pour quelques jours. C'est alors que je le vis pour la première fois. Il visita notre logement commun, passa par le « repaire », mais j'étais absent.

— Georges est venu, me dit Véra Ivanovna; il veut vous voir, allez donc chez lui.

— Quel Georges? demandai-je intrigué, pensant en moi-même qu'il existait encore un fameux personnage que je ne connaissais pas.

— Eh bien, mais Plékhanov... Nous l'appelons Georges.

J'allai le soir chez lui. Dans une petite chambre se trouvaient, avec Plékhanov, le social-démocrate allemand Beer, écrivain assez connu, et l'Anglais Askew. Ne sachant où me mettre parce que toutes les chaises étaient occupées, Plékhanov, non sans hésitation, m'invita à m'asseoir sur le lit. J'estimai que c'était tout à fait naturel, ne devinant pas que Plékhanov, Européen jusqu'au bout des ongles, ne pouvait se résoudre à une mesure si exceptionnelle que dans un cas d'extrême nécessité. La conversation avait lieu en allemand; Plékhanov ne possédait pas suffisamment cette langue et se bornait à des monosyllabes. Beer dit d'abord comment la bourgeoisie anglaise savait circonvenir les ouvriers remarquables; on parla ensuite des prédécesseurs anglais du matérialisme français. Beer et Askew s'en allèrent bientôt. Georges Valentinovitch s'attendait, à juste titre, à me voir partir avec eux, car il était tard et il n'était pas permis de gêner les maîtres du logement par le bruit de la conversation. Or, tout au contraire, je pensais à ce moment-là que la conversation véritable ne faisait que commencer.

— C'était très intéressant, ce que disait Beer, observai-je.

— Oui, au sujet de la politique anglaise, c'est intéressant; quant à la philosophie, ce sont des fadaises, répondit Plékhanov.

Voyant que je ne me disposais pas à sortir, Georges Valentinovitch m'offrit d'aller boire de la bière dans le voisinage. Il m'adressa quelques questions sans importance, fut aimable, mais il y avait dans cette amabilité je ne sais quelle impatience cachée. Je sentais que son attention était dispersée. Peut-être était-il simplement fatigué de sa journée. Mais je sortis peu satisfait, avec un sentiment d'amertume.

Pendant cette période à Londres, comme plus tard à Genève, je rencontrai beaucoup plus souvent Zassoulitch et Martov que Lénine. A Londres dans le même logement, à Genève déjeunant et dînant ordinairement dans les mêmes petits restaurants, Martov, Zassoulitch et moi nous voyions plusieurs fois par jour, tandis que Lénine vivait dans son intérieur familial; aussi, chaque rencontre avec lui, en dehors des séances officielles, prenait-elle l'importance d'un petit événement.

Zassoulitch était une personne singulière et singulièrement charmante. Elle écrivait très lentement, endurant vraiment tous les tourments de la création littéraire.

— Ce que fait Véra Ivanovna, ce n'est pas de la composition, c'est de la mosaïque, me dit un jour, à cette époque, Vladimir Iliitch.

Et en effet, elle couchait son texte sur le papier phrase à phrase, allant et venant longtemps dans la chambre, glissant et tapotant de ses pantoufles, fumant sans arrêt des cigarettes qu'elle roulait elle-même, jetant des restes ou des moitiés de cigarettes dans tous les coins, sur les appuis des fenêtres, sur les tables, répandant de la cendre sur sa blouse, sur ses bras, sur les manuscrits, dans son verre de thé et, si l'occasion s'en présentait, sur son interlocuteur. Elle était et est restée jusqu'au bout une vieille intellectuelle radicale à laquelle le sort avait infligé l'inoculation du marxisme. Les articles de Zassoulitch prouvent qu'elle s'était admirablement assimilé les éléments théoriques de Marx. Mais, en même temps, la base morale et politique d'une radicale russe des années 70-71 resta intacte en elle jusqu'à la fin. Dans l'intimité, elle se permettait de bouder contre certains procédés ou déductions du marxisme. Le mot « révolutionnaire » comportait pour elle une signification particulière, indépendante de la conscience de classe. Je me rappelle avoir eu avec elle une conversation au sujet de ses *Révolutionnaires dans les milieux bourgeois*. Je me servis de l'expression : *les révolutionnaires bourgeois-démocrates*.

— Mais non, répliqua Véra Ivanovna, avec une nuance de dépit, ou plus exactement de chagrin, ni bourgeois, ni prolétaires, mais simplement révolutionnaires. On peut dire, bien entendu, les révolutionnaires *petit-bourgeois,* — ajouta-t-elle, — si l'on fait entrer dans la petite bourgeoisie tout ce que l'on ne peut fourrer ailleurs...

Le lieu de concentration des idées de la social-démocratie était alors l'Allemagne et nous suivions avec une extrême attention la lutte des orthodoxes contre les révisionnistes dans la social-démocratie allemande. Mais Véra Ivanovna n'en pensait que ce qu'elle voulait et vous disait tout à coup :

— C'est bon!... Ils en finiront avec le révisionnisme, ils rétabliront Marx, ils deviendront la majorité, et, pourtant, ils vivront avec leur kaiser.

— Qui « ils », Véra Ivanovna?

— Mais les social-démocrates allemands.

Sur ce point, d'ailleurs, Véra Ivanovna ne se trompait pas autant qu'elle en avait l'air en ce temps-là, bien que tout se soit passé autrement qu'elle ne le prévoyait et par d'autres causes...

A l'égard du programme de répartition des terres, Zassoulitch se montra sceptique, — non qu'elle le repoussât formellement, mais elle en riait avec bonne humeur.

Je me souviens d'un épisode. Peu de temps avant le congrès vint à Genève Constantin Constantinovitch Bauer, un des vieux marxistes, homme peu équilibré d'ailleurs, qui avait été pendant un temps en relations amicales avec Struvé, mais qui, à cette époque, hésitait entre le groupe de l'*Iskra* et celui d'*Osvobojdénié* (l'Emancipation). A Genève, il se mit à pencher vers l'*Iskra,* mais il se refusait à accepter le principe de la répartition. Il alla chez Lénine qu'il connaissait probablement déjà. Il ne revint pourtant pas de chez lui convaincu, sans doute parce que Vladimir Iliitch, connaissant sa nature d'Hamlet, ne s'était pas donné la peine de le persuader. J'avais fait la connaissance de Bauer pendant la déportation : j'eus avec lui une très longue conversation sur cette répartition de malheur. A la sueur de mon front, je lui exposai toutes les raisons que j'avais eu le temps d'amasser en six mois d'interminables discussions avec les socialistes-révolutionnaires et, en général, avec tous les suppôts du programme agraire de l'*Iskra*. Et voici que, le soir de ce même jour, Martov (je m'en souviens, c'était lui) fit savoir à la séance de la rédaction, en ma présence, que Bauer était venu chez lui et qu'il s'était déclaré définitivement « partisan de l'*Iskra* ». Trotsky, prétendait-on, aurait dissipé tous ses doutes...

— Et au sujet de la répartition, il est aussi convaincu ? demanda Zassoulitch, presque effrayée.

— Plus particulièrement au sujet de la répartition.

— Le pau-au-au-vre!... proféra Véra Ivanovna, d'un ton tellement impayable que nous éclatâmes tous de rire.

Lénine me disait un jour :

— Dans Véra Ivanovna, beaucoup repose sur la morale, sur le sentiment.

Et il me raconta qu'elle et Martov avaient semblé pencher pour la terreur individuelle lorsque Val, le gouverneur de Vilna, avait fait punir de verges les manifestants ouvriers.

Des traces de cette « déviation » temporaire, comme nous dirions aujourd'hui, peuvent se retrouver dans un des numéros de l'*Iskra*.

Voici, ce me semble, ce qui s'était passé :

Martov et Zassoulitch faisaient paraître le numéro sans l'aide de Lénine qui se trouvait sur le continent. On reçut un télégramme au sujet de l'application des verges aux détenus de Vilna. Dans Véra Ivanovna se réveilla l'héroïne radicale qui avait tiré sur Trépov parce que celui-ci faisait fouetter les détenus politiques. Martov la soutint en cette occasion... En recevant le dernier numéro de l'*Iskra*, Lénine fut indigné :

— C'est le premier pas vers la capitulation devant le socialisme-révolutionnaire ! s'écria-t-il.

En même temps l'on reçut une protestation de Plékhanov.

Cet épisode avait eu lieu avant mon arrivée à Londres et il se peut que certaines inexactitudes se soient glissées dans mon récit; mais le fond de l'incident, je me le rappelle parfaitement.

— Certes, me disait Véra Ivanovna, par manière d'explication, il ne s'agit pas du tout ici de la terreur en tant que système; mais je pense que par la terreur, on peut apprendre à ces gens-là à ne plus fouetter...

Zassoulitch ne se livrait jamais à de véritables discussions; elle savait encore moins parler en public. Elle ne répliquait jamais directement aux arguments de son interlocuteur, mais quelque chose s'élaborait en elle et ensuite, brusquement, elle s'enflammait, elle jetait vite, vite à s'en étrangler, une série de phrases, s'adressant non pas à celui qui attendait sa réponse, mais à celui qui, espérait-elle, était capable de la comprendre.

Si les débats avaient lieu suivant une procédure régulière, sous la direction d'un président, Véra Ivanovna ne s'inscrivait jamais pour prendre la parole, car, pour dire quelque chose, elle avait besoin de s'enflammer. Mais dans ce cas-là, elle parlait tout de même, sans tenir aucun compte des inscriptions, formalité qu'elle méprisait absolument, et elle interrompait toujours l'orateur, comme le président, disant jusqu'au bout ce qu'elle voulait dire. Pour la comprendre, il fallait entrer par réflexion dans le cours de ses pensées. Et ses pensées, — justes ou erronées, — étaient toujours intéressantes et n'appartenaient qu'à elle. Il n'est pas difficile d'imaginer quel contraste représentait Véra Ivanovna, avec son radicalisme diffus et son subjectivisme, avec tout son désordre, vis-à-vis de Vladimir Iliitch. On ne peut pas dire qu'il n'existait pas entre eux de sympathie, mais il y avait là le sentiment profond d'une incompatibilité organique. Cependant Zassoulitch, en fin psychologue, sentait la force de Lénine, non sans quelque vague déplaisir, dès cette époque; c'est ce qu'elle exprimait par sa phrase : « Il mord et ne lâche plus.»

La complexité des rapports qui existaient entre les membres de la rédaction ne me devenait intelligible que peu à peu, et non sans peine. J'étais arrivé à Londres, comme je l'ai déjà dit, en parfait provincial, dans tous les sens de ce mot. Non seulement je me trouvais à l'étranger pour la première fois, mais je n'avais jamais vu Pétersbourg! A Moscou comme à Kiev, je n'avais vécu que dans la prison de transfert. Je ne connaissais les écrivains marxistes que par leurs articles. En Sibérie, j'avais lu des numéros de l'*Iskra* et *Que faire?* de Lénine. Au sujet d'Iliitch, auteur du *Développement du Capitalisme,* j'avais vaguement entendu parler à la prison de Moscou (par Vanovsky, il me semble), comme de l'étoile prochaine de la social-démocratie. Je savais peu de choses sur Martov et rien sur Potressov. A Londres, en étudiant avec acharnement l'*Iskra, Zaria,* et en général nos publications de l'étranger, je tombai sur un des numéros de *Zaria* où se trouvait un brillant article dirigé contre Prokopovitch, sur le rôle et la signification des syndicats.

— Qui est ce Molotov? demandai-je à Martov.

— C'est Parvus.

Mais je ne savais rien non plus sur Parvus. Je prenais *Iskra* comme un tout et, durant ces mois-là, l'idée d'y chercher, dans le journal ou dans sa rédaction, des tendances différentes, des nuances, des influences, etc., m'était encore étrangère et même, pourrais-je dire, intérieurement hostile.

Je me souviens d'avoir remarqué alors que certains éditoriaux et feuilletons, dans l'*Iskra*, bien que non signés, étaient rédigés par quelqu'un qui parlait de lui-même à la première personne : « dans tel numéro, j'ai dit », « j'avais déjà écrit sur ce sujet », etc. Je m'informai pour connaître l'auteur de ces articles. Il se trouva que tout était de Lénine. Dans un entretien, je lui fis remarquer qu'à mon avis, au point de vue littéraire, il n'était pas très à propos de parler à la première personne dans des articles non signés.

— Pourquoi trouvez-vous que cela manque d'à-propos, demanda-t-il, intrigué, estimant peut-être qu'à ce moment je ne parlais pas tout à fait au hasard et que je n'exprimais pas seulement une opinion personnelle.

— Mais, cela me semble ainsi, répondis-je imprécisément, car je n'avais aucune idée nette sur ce sujet.

— Je ne suis pas de votre avis, dit Lénine, et il eut un rire énigmatique.

A cette époque, ce procédé littéraire pouvait sembler empreint d'un certain « égocentrisme ». En réalité, en donnant à ses articles, même non signés, un caractère singulier, Lénine prenait une garantie pour sa ligne doctrinale, car il n'était pas très sûr de celle de ses collaborateurs immédiats. Nous devons reconnaître ici, dans un infime détail, *cette acharnée tension vers le but*, persévérante, persistante, indépendante de toutes les conventions, ne s'embarrassant pas de formalités, qui caractérise essentiellement Lénine comme chef.

C'était lui le directeur politique de l'*Iskra*; mais Martov en était la principale ressource comme rédacteur. Il écrivait facilement et interminablement, de même qu'il parlait. Quant à Lénine, il passait de longues heures à la bibliothèque du British Museum, où il travaillait sur la théorie.

Il me souvient qu'un jour Lénine, dans la salle de lecture, écrivit un article contre Nadejdine qui avait alors, en Suisse, une petite entreprise d'édition à lui, formant une sorte de groupe intermédiaire entre les social-démocrates et les socialistes-révolutionnaires. Cependant, Martov, dans la nuit précédente (il travaillait surtout la nuit), avait eu le temps d'écrire un grand article sur Nadejdine et l'avait remis à Lénine.

— Avez-vous lu l'article de Jules? me demanda Vladimir Iliitch au Museum.

— Oui.

— Qu'en pensez-vous?

— Il me semble que c'est bien.

— Bien, bien, ça peut être bien, mais ce n'est pas assez net. Cela n'a pas de conclusions. Je viens de jeter ici quelques notes, mais je ne sais à présent qu'en faire : à moins de les ajouter comme des observations complémentaires à l'article de Jules?

Il me passa un petit cahier couvert de notes au crayon. Dans le numéro suivant de l'*Iskra*, l'article de Martov parut avec les remarques de Lénine en bas de page. Ni l'article, ni les notes ne sont signés. Je ne sais si ces remarques ont été comprises dans les *Œuvres Complètes* de Lénine. Je garantis qu'il en est l'auteur.

Quelques mois plus tard, dans les semaines qui précédèrent le congrès, il se produisit, à la rédaction, un vif incident entre Lénine et Martov qui étaient en désaccord au sujet de la tactique des manifestations dans la rue, plus exactement sur la question de la lutte armée contre la police. Lénine disait qu'il fallait créer de petits groupes armés et entraîner des ouvriers militants à se battre contre les forces de police. Martov était contre cette idée. Le débat fut porté devant la rédaction.

— Mais n'en sortira-t-il pas quelque chose dans le genre d'un terrorisme de groupes? demandai-je à ce propos.

(Je dois rappeler qu'en cette période la lutte contre la tactique terroriste des s.-r. jouait un grand rôle dans notre action.)

Martov s'empara de cette observation et développa cette idée qu'il fallait apprendre à protéger contre la police les manifestations de masses, mais non pas créer des groupes de combat. Plékhanov, de qui, moi et les autres sans doute, nous attendions quelque chose, se déroba à toute réponse, invitant seulement Martov à esquisser un projet de résolution qui permettrait de débattre la question sur un texte déterminé. Cet épisode fut d'ailleurs noyé dans les événements que le congrès nous amenait.

En dehors des réunions et des conférences, je n'eus pas beaucoup l'occasion d'observer Martov et Lénine dans leurs entretiens. Les longues discussions, les causeries chaotiques, qui dégénéraient constamment en potins d'émigration et en bavardages, genre d'occupation auquel Martov était assez porté, déplaisaient à Lénine dès cette époque. Ce très grand machiniste de la révolution, non seulement dans la politique, mais dans ses travaux théoriques, dans ses études philosophiques, comme aussi bien dans l'étude des langues étrangères et dans ses conversations, n'avait jamais en vue qu'une seule et même chose : le but final. C'était peut-être le plus inflexible utilitariste qui soit jamais sorti du laboratoire des temps. Mais comme son utilitarisme se caractérisait par la plus grande ampleur historique, sa personnalité n'en était point amoindrie, appauvrie : au contraire, elle se développait et s'enrichissait sans cesse, à mesure que croissaient son expérience de la vie et sa sphère d'action.

A côté de Lénine, Martov, son compagnon de lutte le plus proche à cette époque, ne se sentait déjà plus à son aise. Ils se tutoyaient encore, mais on sentait déjà un petit froid dans leurs rapports. Martov vivait beaucoup plus du jour présent, de ses fâcheries, de son travail courant de publiciste, de polémiques, de dernières nouvelles et de papotages. Lénine, écrasant sous lui les faits du jour, pénétrait profondément par la pensée dans le lendemain. Martov avait d'innombrables et souvent brillantes intuitions, il concevait des hypothèses, il faisait des propositions que lui-même, souvent, oubliait bientôt; mais Lénine saisissait ce dont il avait besoin et seulement au moment où il en avait besoin. La transparente fragilité des pensées de Martov obligea plus d'une fois Lénine à hocher la tête, en signe d'inquiétude. Aucune différence dans leurs lignes politiques n'avait encore eu le temps de se définir, ni même d'apparaître; on ne peut sentir les différences qu'en revenant sur le passé à la lumière de ce qui fut ensuite. Plus tard, lors de la scission au IIe Congrès, les collaborateurs de l'*Iskra* se divisèrent en *durs* et *tendres*. Ces appellations, comme on sait, eurent cours dans les premiers temps, prouvant que s'il n'existait pas encore de ligne de partage, il y avait pourtant une différence dans la façon d'aborder les questions, dans la décision, dans la persistance vers le but définitif. En revenant sur ces rapports de Lénine et de Martov, on peut dire qu'avant la scission, avant le congrès, Lénine était déjà un « dur », tandis que Martov était un « tendre ». Et tous deux le savaient bien. Lénine considérait Martov, qu'il estimait beaucoup, d'un œil critique et légèrement soupçonneux; Martov, sentant ce regard sur lui, en était gêné et, par un tic nerveux, levait sa maigre épaule. Lorsqu'ils se rencontraient et causaient, il n'y avait plus entre eux d'intonations amicales, de plaisanteries — ou du moins ne m'en apercevais-je pas. Lénine, en parlant, laissait couler son regard à côté de Martov, et les yeux de celui-ci se vitrifiaient sous son pince-nez, penché en avant et qu'il n'essuyait jamais. Et quand Vladimir Iliitch causait avec moi de Martov, il y avait dans sa voix une nuance particulière : « Mais quoi, c'est Jules qui a dit cela? » Et alors, le nom de Jules était prononcé d'une certaine façon, légèrement souligné, comme si Lénine donnait un avertissement : « Il est bon, sans doute, il est bon, il est même remarquable, mais malheureusement c'est un *tendre* ».

Sans aucun doute, Véra Ivanovna avait aussi sur Martov une certaine influence, non politique, mais psychologique, le tenant un peu à l'écart de Lénine. Bien entendu, ce que je dis ici est plutôt une généralisation psychologique que la constatation d'un fait matériel; et cela se rapporte à des choses qui se sont passées voilà vingt-deux ans. Pendant cette durée, bien d'autres choses sont venues s'inscrire dans ma mémoire et, dans la représentation que je donne de moments impondérables pour caractériser des rapports personnels, il peut y avoir des inexactitudes, ou un déplacement de perspective. Quelle est la part du souvenir et quelle est celle de l'imagination qui reconstruit involontairement à sa manière le passé? Je pense cependant que, dans l'essentiel, ma mémoire rétablit ce qui s'est passé comme cela s'est passé.

Après mes conférences *d'essai*, pour ainsi dire, à White-Chapel (Alexéev fit un « rapport » là-dessus à la rédaction), on m'envoya faire des conférences sur le continent, à Bruxelles, à Liége et à Paris. Le thème de ces conférences était celui-ci : « Du matérialisme historique et de la façon dont il est compris par les socialistes-révolutionnaires ». Vladimir Iliitch se montra très curieux de ce sujet. Je lui soumis un résumé détaillé, accompagné de citations. Il me conseilla de travailler sur ce thème et d'en faire un article pour le prochain numéro de *Zaria*, mais je n'en eus pas l'audace.

De Paris, je fus bientôt rappelé par télégramme à Londres. Il s'agissait de m'envoyer illégalement en Russie, selon le dessein de Vladimir Iliitch : on se plaignait là-bas d'insuffisances, du manque de camarades, et c'est Clair, je crois, qui réclamait mon retour. Mais je n'eus pas le temps d'arriver à Londres que, déjà, le plan était modifié. L. G. Deutch, qui se trouvait alors à Londres et était très bon pour moi, me raconta plus tard comment il était « intervenu en ma faveur », démontrant que « cet adolescent » (il ne m'appelait pas autrement) avait besoin de vivre à l'étranger pour compléter son instruction; Lénine, après avoir un peu discuté, accepta cette idée. Il était très séduisant de travailler dans l'organisation russe de l'*Iskra*; pourtant, j'acceptai bien volontiers de rester quelque temps encore à l'étranger.

Un dimanche, j'allai avec Vladimir Iliitch et Nadejda Konstantinovna à l'église socialiste de Londres, où un meeting social-démocrate s'accompagnait du chant de psaumes pieusement révolutionnaires. L'orateur était un compositeur-typographe, qui revenait, je crois, d'Australie. Vladimir Iliitch nous traduisait à mi-voix son discours qui avait un sens assez révolutionnaire, du moins pour cette époque. Ensuite, tous se levèrent et chantèrent : « Dieu tout-puissant, fais en sorte qu'il n'y ait plus sur cette terre ni rois, ni riches... » ou quelque chose dans ce genre.

— Il y a, dans le prolétariat anglais, une multitude d'éléments révolutionnaires et socialistes qui sont dispersés, disait à ce sujet Vladimir Iliitch, quand nous sortîmes de l'église; mais tout cela se combine avec du conservatisme, de la religion, des préjugés, cela ne réussit pas à percer et à se généraliser...

Il n'est pas sans intérêt de noter ici que Zassoulitch et Martov vivaient complètement à l'écart du mouvement ouvrier anglais, étant entièrement absorbés par l'*Iskra* et par ce qui l'entourait; tandis que Lénine, de temps en temps, poussait des pointes d'éclaireur dans les milieux ouvriers anglais.

Il est inutile de dire que Vladimir Iliitch, Nadejda Konstantinovna et la mère de celle-ci vivaient plus que modestement. Revenus de l'église social-démocrate, nous déjeunâmes dans la petite cuisine-salle à manger du logement qui se composait de deux pièces. Je vois encore les petits morceaux de viande grillée qui furent servis sur la poêle. On prit du thé. On plaisanta comme toujours au sujet de mon retour au logis, se demandant si j'arriverais à trouver tout seul le chemin : j'étais fort maladroit à reconnaître les rues et, par penchant pour la systématisation, j'appelais ce défaut : mon « crétinisme topographique ».

La date fixée pour le congrès approchait et, finalement, on décida de transférer le centre de l'*Iskra* à Genève : la vie y coûtait incomparablement moins cher, et la liaison avec la Russie y était plus facile. Lénine, à contre-cœur, y consentit. On me dirigea sur Paris d'où je devais, avec Martov, gagner Genève. La préparation du congrès s'intensifia.

Peu de temps après, Lénine, lui aussi, arriva à Paris. Il devait faire trois conférences sur la question agraire à l'Ecole des Hautes Etudes Sociales, organisée à Paris par des professeurs qui avaient été chassés des universités russes. La partie marxiste des étudiants avait insisté pour que Lénine fût invité, étant donné que Tchernov avait précédemment pris la parole dans l'établissement. Les professeurs étaient inquiets et suppliaient le conférencier agressif de ne pas engager de polémique, autant que possible. Mais Lénine refusa d'accepter aucune condition et commença sa première conférence en disant que le marxisme était une théorie révolutionnaire qui, par conséquent, appelait nécessairement la polémique; mais que cette combativité n'était nullement en contradiction avec son caractère scientifique.

Il me souvient qu'avant cette première conférence, Vladimir Iliitch était très ému. Mais, à la tribune, il reprit aussitôt possession de lui-même, ou, du moins, il en eut tout l'air. Le professeur Gambarov qui était venu pour l'écouter, exprima à Deutch son impression en deux mots : « Un vrai professeur! » Cet homme aimable pensait accorder le plus grand des éloges. Les conférences furent toutes pénétrées de polémique contre les populistes et le social-réformiste agrarien David que Lénine mettait à côté des populistes; cependant, ces leçons restèrent dans le cadre de la théorie économique, sans toucher à la lutte politique d'alors, au programme agraire de la social-démocratie, des socialistes-révolutionnaires, etc. Le conférencier avait voulu se limiter ainsi, tenant compte du caractère académique de la chaire professorale. Mais après sa troisième leçon, Lénine fit une conférence politique sur la question agraire dans une salle, au 110, je crois, de l'avenue de Choisy; cette réunion était organisée non par l'Ecole des Hautes Etudes, mais par le groupe parisien de l'*Iskra*. La salle était comble. Tous les étudiants de l'Ecole y vinrent entendre les déductions pratiques du cours théorique qui leur avait été fait. Le discours porta sur le programme agraire de l'*Iskra* à cette époque et, en particulier, sur la restitution des terres partagées aux communes. Je ne me rappelle pas les noms des contradicteurs qui prirent la parole. Mais il me souvient que, dans sa conclusion, Vladimir Iliitch fut merveilleux. Un des camarades parisiens de l'*Iskra* me dit à la sortie : « Lénine, aujourd'hui, s'est surpassé. » Comme il est d'usage, les camarades se rendirent ensuite avec le conférencier au café. Tous étaient très satisfaits, et Lénine lui-même se trouvait dans un état d'agréable excitation. Le trésorier du groupe nous fit connaître avec contentement le chiffre de la recette qui revenait à la caisse de l'*Iskra* : quelque chose comme 75 ou 100 francs, une somme qui n'était pas à dédaigner. Cela se passait au début de 1903. Je ne puis déterminer plus exactement la date en ce moment, mais je pense que ce ne serait pas difficile à faire, si ce n'est déjà fait.

C'est lors de ce séjour de Lénine à Paris qu'on décida de lui montrer un opéra. Ce fut N. I. Sédova, membre de l'*Iskra*, qui en fut chargée. Vladimir Iliitch se rendit à l'Opéra-Comique et en revint avec la serviette qui ne le quittait pas lorsqu'il allait faire le cours à l'Ecole des Hautes Etudes. On donnait *Louise*, de Gustave Charpentier, un drame lyrique dont le sujet est très démocratique. Nous formions un groupe à la galerie supérieure. Outre Lénine, Sédova et moi, il y avait, ce me semble, Martov. Je ne me souviens pas des autres. Cette visite à l'Opéra-Comique comporta un petit incident fort étranger à la musique mais qui, pourtant, s'est fortement marqué dans ma mémoire. Lénine avait acheté des chaussures à Paris. Elles se trouvèrent trop étroites. Il en souffrit pendant quelques heures et, finalement, décida de s'en défaire. Comme par hasard, mes chaussures à moi demandaient à être remplacées. Lénine me donna les siennes et, tout au commencement, il me sembla qu'elles étaient juste à ma pointure, tant j'en étais content. Je décidai de les étrenner en allant à l'Opéra-Comique. A l'aller, cela marcha parfaitement. Mais au théâtre, je commençai à sentir que l'affaire se gâtait. C'est peut-être la raison pour laquelle je ne me rappelle pas l'impression qu'a pu produire l'opéra sur Lénine et sur moi-même. Je vois seulement qu'il était alors très disposé à plaisanter et qu'il riait beaucoup. Au retour, je souffrais déjà cruellement et Vladimir Iliitch, sans aucune pitié, me narguait tout le long du chemin. Il y avait pourtant une certaine commisération dans ses railleries : lui-même n'avait-il pas enduré le supplice de ces chaussures pendant quelques heures?

J'ai parlé ci-dessus de l'agitation que ressentit Vladimir Iliitch avant de commencer ses conférences. Il convient de revenir sur ce point. Des émotions de ce genre se manifestèrent chez Lénine en d'autres circonstances et beaucoup plus tard, quand il devait paraître en public; et elles étaient d'autant plus fortes que l'auditoire lui était plus « étranger » et que l'occasion du discours était plus accidentelle. La façon de parler de Lénine était toujours pleine d'assurance, de véhémence, il disait vite ce qu'il avait à dire, de sorte que ses discours étaient une assez dure épreuve pour les sténographes. Mais quand il ne se sentait pas à l'aise, sa voix prenait un son qui n'était pas à lui, qui ressemblait à une sorte d'écho renvoyé et impersonnel. Au contraire, lorsque Lénine sentait que son auditoire était précisément *celui* qui avait grand besoin de l'entendre, sa voix acquérait une extrême vivacité, elle devenait souple et persuasive; ce n'était plus la voix d'un « orateur » dans le sens ordinaire du mot, c'était celle d'un causeur, mais élevée au ton que nécessitait la tribune. Ce n'était plus de l'art oratoire, cela dépassait l'éloquence ordinaire. On pourra objecter, il est vrai, que n'importe quel orateur parle beaucoup mieux quand il se sent parmi *les siens*. En général, c'est juste. Mais toute la question est de savoir dans quel auditoire et dans quelles circonstances l'orateur se sent comme chez lui. Les Européens du type de Vandervelde, formés aux habitudes parlementaires, ont besoin d'un certain entourage solennel et de tout ce qui appelle l'éloquence. Dans les réunions où l'on fête des anniversaires, ou bien des personnages officiels, ils sont tout à fait dans leur assiette. Mais pour Lénine des réunions de ce genre étaient de véritables petits malheurs personnels. Il parlait avec beaucoup d'éclat et d'une façon persuasive surtout quand il avait à analyser des questions de politique combative. Ses meilleurs morceaux oratoires doivent être les discours qu'il prononça au Comité Central à la veille d'Octobre.

Avant les conférences de Paris, je n'avais entendu Lénine qu'une fois, je crois, à Londres, tout à la fin de décembre 1902. Chose bizarre, il ne me reste aucun souvenir du caractère de cette manifestation, ni du thème qui fut traité. Je serais presque prêt à douter de la réalité de ce souvenir. Pourtant, il est certain qu'il y eut alors une réunion de Russes, fort importante pour Londres, à laquelle assista Lénine; s'il n'était venu pour faire une conférence, on ne l'aurait probablement pas vu. Je m'explique cette lacune de ma mémoire de la façon suivante : la conférence fut probablement consacrée, comme cela se faisait habituellement, à un thème que l'on venait de traiter dans le dernier numéro de l'*Iskra*; j'avais donc eu la possibilité de lire l'article de Lénine sur ce sujet et, par conséquent, la conférence ne présentait pour moi rien de nouveau; en outre, il n'y eut pas de débats; les faibles adversaires qui se trouvaient à Londres n'eurent pas l'audace de prendre la parole contre Lénine; l'auditoire, qui se composait en partie de « bundistes », en partie d'anarchistes, formait un milieu plutôt ingrat; en résultat de tout cela, cette conférence laissa peu de traces. Je me rappelle seulement qu'à la fin de la réunion, les B..., mari et femme, de l'ancien groupe pétersbourgeois « La Pensée Ouvrière » (*Rabotchaïa Mysl*), qui vivaient depuis assez longtemps à Londres, s'approchèrent de moi et m'invitèrent :

— Venez donc chez nous, pour la veille du Nouvel An. (C'est pour cela que je place la date de la réunion à la fin de décembre.)

— Pourquoi? demandai-je surpris, en véritable barbare.

— Nous passerons le temps en camarades. Oulianov en sera, Kroupskaïa aussi.

Je me rappelle bien qu'ils dirent *Oulianov* et non Lénine; je ne compris même pas du premier coup de qui il s'agissait. Zassoulitch et Martov furent également invités. Le lendemain, dans « le repaire », on tint conseil pour savoir ce que l'on devait faire; on demanda à Lénine s'il se rendrait à cette invitation. Il me semble que personne n'y alla. Et c'est regrettable : c'eût été une occasion exceptionnelle, unique en son genre, pour voir Lénine, avec Zassoulitch et Martov, dans une soirée de Nouvel An.

Quand j'arrivai de Paris à Genève, je fus invité chez Plékhanov, avec Martov et Zassoulitch; je crois que Vladimir Ilitch y vint aussi. Mais il ne me reste de cette soirée qu'un souvenir extrêmement confus. En tout cas, cette réunion n'eut pas un caractère politique; on pourrait dire qu'elle fut « mondaine », ou encore des plus banales. Je restais, il m'en souvient, assez découragé et maussade sur ma chaise et, lorsque le maître ou la maîtresse de maison me laissaient sans un signe d'attention, je ne savais absolument que faire de moi. Les filles de Plékhanov servaient du thé et des petits-fours. Il y avait dans toutes les paroles, dans tous les gestes, quelque chose de tendu, une sorte de gêne que je n'étais probablement pas seul à sentir. Peut-être, à cause de ma jeunesse, ressentais-je ce petit froid plus vivement que les autres. Cette visite à Plékhanov fut la première et la dernière. Bien entendu, les impressions qui m'en restèrent furent des plus fugitives et, très possiblement fortuites, comme ont été fugitives et fortuites toutes mes rencontres avec Plékhanov. J'ai essayé de caractériser ailleurs, brièvement, la brillante figure du premier maître en marxisme qu'ait eu la Russie. Je me borne ici aux impressions des premières rencontres, dans lesquelles, hélas! je n'eus vraiment pas de chance. Zassoulitch, que tout cela chagrinait beaucoup, me disait :

— Je sais que Georges est quelquefois insupportable, mais, dans le fond, c'est un animal tout ce qu'il y a de plus gentil. (C'était sa façon à elle de faire un éloge.)

Je ne puis me dispenser de noter ici que, dans la famille d'Axelrod, dominait une atmosphère de simplicité et de sincère camaraderie. A présent encore, je me rappelle avec gratitude les heures que je passai à la table hospitalière des Axelrod, lors de mes fréquentes venues à Zurich. Vladimir Iliitch y vint aussi plus d'une fois et, autant que je le sache d'après les récits de cette famille, il s'y sentait au chaud et à l'aise. Je n'eus d'ailleurs pas l'occasion de les rencontrer chez les Axelrod.

En ce qui concerne Zassoulitch, sa simplicité et son affabilité à l'égard des jeunes camarades étaient vraiment incomparables. Si l'on ne peut parler de son hospitalité dans le sens habituel de ce mot, c'est qu'elle avait plutôt besoin d'en bénéficier elle-même que d'en accorder aux autres. Elle vivait, s'habillait et s'alimentait comme la plus modeste des étudiantes. Dans le domaine des valeurs matérielles, ses plus grandes joies étaient : le tabac et la moutarde. Elle consommait de l'un et de l'autre en énorme quantité. Quand elle étendait sur une très mince tranche de jambon une épaisse couche de moutarde, nous disions : « Véra Ivanovna fait la noce ».

Pour la bonté et les attentions envers la jeunesse, L. G. Deutch, quatrième membre du Groupe de *l'Emancipation du Travail*, se distinguait aussi. Je n'ai pas mentionné jusqu'à présent qu'en qualité d'administrateur de l'*Iskra*, il assistait aux séances de la rédaction avec voix consultative. Deutch marchait ordinairement avec Plékhanov, ayant des opinions plus que modérées sur la tactique révolutionnaire. Un jour, il me jeta dans la stupéfaction en me déclarant :

— Il n'y aura jamais aucun soulèvement armé, jeune homme, et cela n'est pas nécessaire. Au bagne, il y avait parmi nous des « coqs » qui, au premier prétexte, cherchaient à se battre et se faisaient assommer. J'observais une autre conduite : être ferme, faire entendre à l'administration que l'on pourrait arriver à une grande bataille, mais ne jamais en venir aux mains. Par ce moyen, j'obtenais un certain respect du côté de l'administration et des adoucissements au régime. C'est la tactique que nous devons employer à l'égard du tsarisme; autrement, on nous démolira, on nous anéantira sans aucune utilité pour la cause...

Je fus tellement frappé de ce sermon sur la tactique que j'en parlai tour à tour à Martov, et à Zassoulitch, et à Lénine. Je ne me rappelle pas quelle fut la réaction de Martov. Véra Ivanovna me dit :

— Eugène (c'était le vieux pseudonyme de Deutch) a toujours été comme ça : personnellement, c'est un homme d'un courage exceptionnel; mais en politique, il est extrêmement prudent et mesuré.

Lénine, après m'avoir écouté, prononça quelque chose dans le genre de : « Heu... heu... oui-i... », et nous éclatâmes de rire tous deux, sans autres commentaires.

Les premiers délégués du prochain IIe Congrès commençaient à se réunir à Genève, et l'on tenait conseil avec eux d'une manière ininterrompue. Dans ce travail préparatoire, Lénine avait indiscutablement la haute main, bien que son rôle ne fût pas toujours perceptible. Il y avait des séances de la rédaction de l'*Iskra,* des séances de l'organisation de l'*Iskra,* des conseils tenus séparément avec des groupes de délégués et des réunions plénières. Une partie des délégués étaient venus avec des doutes, des objections ou des réclamations de groupes. Ce travail préparatoire prenait beaucoup de temps.

Trois ouvriers seulement vinrent pour le congrès. Lénine s'entretint d'une façon très détaillée avec chacun d'eux et les conquit tous les trois. L'un d'eux était Schotmann, de Pétersbourg. Il était encore tout jeune, mais avisé et réfléchi. Il me souvient que, revenant d'une conversation avec Lénine (Schotmann était descendu dans le même logement que moi), il ne faisait que répéter :

— Mais comme ses petits yeux brillent! On dirait qu'ils voient à travers vous!...

Le délégué de Nicolaiev était Kalafati. Vladimir Iliitch m'interrogea longuement sur lui, parce que je l'avais connu là-bas, à Nicolaiev, et ensuite, souriant d'un air malin, ajouta :

— Il dit que quand il vous a connu, vous étiez quelque chose dans le genre d'un tolstoïen.

— Eh bien! en voilà une bêtise! m'écriai-je, presque indigné.

— Bah! il n'y a pas grand mal! répliqua Lénine, soit pour me consoler, soit pour me taquiner; vous aviez alors, je crois, dix-huit ans, et vous savez que les gens ne naissent pas marxistes.

— Cela se peut, répondis-je, mais pour ce qui est du tolstoïsme, je n'ai jamais rien eu de commun avec ça.

Dans les réunions préparatoires, on donna beaucoup de soins à l'élaboration des statuts; un des moments les plus importants dans les débats sur le schéma d'organisation fut celui où l'on discuta les rapports mutuels du journal central et du Comité Central. J'étais venu à l'étranger avec cette pensée que le journal central devait se « subordonner » au Comité Central. Telle était la disposition d'esprit de la majorité des « Russes » de l'*Iskra*, sans toutefois que cette opinion fût bien nette et tenace.

— Ça ne marchera pas, me répliquait Vladimir Iliitch. La proportion des forces ne se présente pas ainsi. Voyons, comment feront-ils pour nous diriger du fond de la Russie? Ça ne marchera pas... Nous formons un centre stable et c'est nous qui dirigerons d'ici.

Il était dit, dans un des projets, que l'organe central serait tenu de publier les articles des membres du Comité Central.

— Même contre le journal central? demandait Lénine.

— Bien entendu.

— A quoi bon? Cela n'a pas de raison d'être. Une polémique entre deux membres de l'organe central pourrait être utile dans certaines conditions; mais une polémique des « Russes » du Comité Central (c'est-à-dire de ceux des membres qui résidaient en Russie) contre l'organe central serait inacceptable.

— Alors, c'est la complète dictature du journal central? demandai-je.

— Et qu'y voyez-vous de mal ? répliqua Lénine. C'est ainsi qu'il en doit être dans la présente situation.

Il y eut dans cette période beaucoup de remue-ménage autour de la question du « droit de cooptation ». Dans une des réunions, nous autres, les jeunes, nous en vînmes à décider le droit de cooptation positive et négative.

— Mais, ce que vous appelez cooptation négative, c'est tout simplement ce qu'on appelle en bon russe « flanquer à la porte », me dit le lendemain Vladimir Iliitch, qui se mit à rire. Ce n'est pas si simple que ça en a l'air. Essayez donc un peu de faire — ha! ha! ha! — une cooptation négative dans la rédaction de l'*Iskra!*

La plus grave des questions, pour Lénine, consistait à savoir comment on organiserait dans la suite l'organe central qui devait jouer, en somme, simultanément, le rôle de Comité Central. Lénine estimait impossible de maintenir l'ancien conseil des six. Zassoulitch et Axelrod, dans toutes les questions litigieuses, prenaient presque infailliblement le parti de Plékhanov, en suite de quoi, dans le meilleur des cas, on se trouvait trois contre trois. Ni l'un ni l'autre de ces groupes ternaires n'auraient consenti à éliminer l'un des membres du Conseil. Il ne restait donc qu'à suivre la voie opposée, à élargir le Conseil. Lénine voulait me prendre comme septième, de telle façon que, le Conseil des sept étant considéré comme une rédaction élargie, on formerait un groupe rédactionnel plus restreint, composé de Lénine, de Plékhanov et de Martov. Vladimir Iliitch me mettait au courant de ce plan peu à peu, sans prononcer, d'ailleurs, un seul mot sur la proposition qu'il avait faite de me prendre, moi, comme septième membre de la rédaction, sans me dire que cette proposition avait été acceptée par tous, sauf Plékhanov, en qui le plan trouva un adversaire résolu. L'introduction d'un septième signifiait déjà, par elle-même, aux yeux de Plékhanov, une majoration du groupe de l'*Emancipation du Travail* : quatre « jeunes » contre trois « vieux » !

Je pense que ce plan fut la cause principale de l'attitude éminemment antipathique à mon égard de Georges Valentinovitch. En outre, pour comble de malheur, de petits malentendus entre nous se manifestèrent ouvertement sous les yeux des délégués. Cela commença, il me semble, à propos d'un projet de journal populaire. Certains délégués insistaient sur la nécessité de créer, à côté de l'*Iskra,* un organe qui paraîtrait, si possible, en Russie. Telle était, en particulier, la pensée du groupe « Le Jeune Ouvrier ». Lénine était un adversaire déterminé de ce projet. Les motifs qu'il en donnait étaient d'ordre divers, mais le principal était dans la crainte de la formation d'un groupe particulier qui aurait pu se constituer sur la base d'une « popularisation » simplifiée des idées de la social-démocratie avant que le noyau du parti n'eût eu le temps de s'affermir comme il le devait. Plékhanov se déclarait résolument pour la création de l'organe populaire, s'opposant à Lénine et cherchant évidemment l'appui des délégués régionaux. Je soutenais Lénine. Dans une des réunions, je développai cette pensée, — juste ou fausse, maintenant cela n'a plus d'importance, — que nous avions besoin non d'un organe populaire, mais d'une série de brochures et de tracts de propagande qui aideraient les ouvriers avancés à s'élever au niveau de l'*Iskra*; mais qu'un journal populaire réduirait la place de l'*Iskra* et effacerait la physionomie politique du Parti, en l'abaissant à « l'économisme » et au socialisme-révolutionnaire. Plékhanov me répliqua :

— Pourquoi le journal effacerait-il la physionomie du Parti? Bien entendu, dans un organe populaire, nous ne pourrons pas dire tout ce que nous aurons à dire. Nous y présenterons des revendications, des mots d'ordre, sans nous occuper des questions de tactique. Nous dirons à l'ouvrier qu'il faut lutter contre le capitalisme, mais, cela va de soi, nous ne ferons pas de théories sur la façon dont il faut lutter contre le capitalisme.

Je m'emparai de cette argumentation :

— Mais, dis-je, les « économistes » et les socialistes-révolutionnaires disent également qu'il faut lutter contre le capitalisme. La dissension commence justement là où il faut déterminer *la manière* de lutter. Si, dans un organe populaire, nous ne répondons pas à cette question, nous effaçons, par là même, la différence entre nous et les socialistes-révolutionnaires...

Ma réplique sembla victorieuse. Plékhanov ne trouva rien à lui opposer. Il est clair que cet épisode ne put améliorer nos relations.

Bientôt se produisit un deuxième conflit, dans une séance de la rédaction qui décida, en attendant que le congrès eût réglé la question de l'effectif rédactionnel, de m'admettre aux séances avec voix consultative. Plékhanov s'opposait catégoriquement à cela. Mais Véra Ivanovna lui dit :

— Eh bien, je l'amènerai, moi.

Et en effet, elle m'amena à la séance. Ce secret de coulisses ne me fut connu que beaucoup plus tard; je me présentai à la rédaction sans rien savoir, sans avoir rien deviné. Georges Valentinovitch me salua avec la politesse raffinée dans laquelle il était passé maître.

Par malheur, la rédaction devait, dans cette séance même, examiner un conflit qui s'était élevé entre Deutch et Blumenfeld, dont j'ai parlé plus haut. Deutch était administrateur de l'*Iskra*. Blumenfeld dirigeait l'imprimerie. Sur ce terrain, il se produisit une contestation au sujet des compétences. Blumenfeld se plaignait de l'intrusion de Deutch dans les affaires intérieures de l'imprimerie. Plékhanov, par ancienne amitié, soutenait Deutch et proposait de limiter les droits de Blumenfeld à la technique typographique.

Je répliquai qu'il était impossible de diriger une imprimerie en se bornant simplement au domaine de l'exécution technique; qu'il existait encore des problèmes d'organisation et d'administration, et que Blumenfeld devait avoir son autonomie dans toutes ces questions.

Je me rappelle la réplique envenimée de Plékhanov :

— Sans doute, le camarade Trotsky a raison de dire qu'à la technique se superposent divers éléments administratifs et autres, comme nous l'enseigne la théorie du matérialisme historique; cependant..., etc...

Lénine et Martov me soutinrent pourtant, avec circonspection, et firent adopter une décision dans le sens que j'avais indiqué. Ce fut la goutte qui fit déborder le vase.

Dans ces deux circonstances, Vladimir Iliitch s'était rangé, comme nous l'avons vu, de mon côté. Mais, en même temps, il observait avec inquiétude la façon dont mes rapports avec Plékhanov se gâtaient, ce qui menaçait de compromettre définitivement le plan de réorganisation de la rédaction qu'il avait esquissé. Dans une des réunions suivantes, où se trouvèrent des délégués nouvellement arrivés, Lénine, me prenant à part, me dit :

— Dans la question du journal populaire, laissez plutôt Martov répliquer à Plékhanov. Martov fera glisser de côté l'affaire, au lieu que vous, vous aimeriez mieux trancher. Il vaut mieux faire glisser.

Ces expressions de « trancher » et « faire glisser » sont restées nettement dans ma mémoire.

Après une des séances de la rédaction au café « Landolt », peut-être après la séance dont je viens de parler, Zassoulitch, du ton particulier qu'elle avait dans de pareilles circonstances, d'une voix timidement insistante, se plaignit de nous voir « trop » attaquer les libéraux. C'était, chez elle, le point faible.

— Regardez, disait-elle, s'ils font des efforts. — Son regard évitait Lénine, mais c'était surtout à lui qu'elle s'adressait. — Dans le dernier numéro de l'*Emancipation*, Struvé donne l'exemple de Jaurès, il exige que les libéraux russes ne rompent pas avec le socialisme, sans quoi ils seraient menacés de subir le misérable sort du libéralisme allemand; il veut qu'ils s'inspirent de l'exemple des radicaux-socialistes français.

Lénine se tenait debout près de la table, coiffé d'un faux « panama », qu'il avait ramené sur son front (la séance était terminée et il se préparait à sortir).

— Il faut cogner sur eux d'autant plus fort, dit-il, souriant gaiement, et comme pour taquiner Véra Ivanovna.

— Eh bien, voilà! voilà! s'écria-t-elle tout à fait désolée : ils font un pas vers nous, et nous devrions cogner sur eux!

— Précisément. Struvé dit à ses libéraux : au lieu de prendre contre notre socialisme les grossiers procédés allemands, il faut employer les moyens plus fins des Français; il faut attirer, choyer, duper, dévoyer à la manière des radicaux de gauche français qui sont en coquetterie avec le jauressisme.

Je rapporte, bien entendu, cette mémorable conversation non littéralement. Mais le sens et l'esprit s'en sont gravés dans ma mémoire avec la plus grande netteté. Je n'ai pas en ce moment sous la main de matériaux qui me permettent de vérifier ce que je rapporte; mais il n'est pas difficile de faire cette vérification : il suffit de feuilleter les numéros de *L'Emancipation* du printemps 1903, et l'on trouvera un article de Struvé, consacré à la question de l'attitude des libéraux vis-à-vis du socialisme démocratique en général, ainsi que du jauressisme en particulier. Je me rappelle cet article d'après ce que m'en dit Véra Ivanova dans la scène que je viens de rapporter. Si l'on ajoute à la date marquée sur le numéro de *L'Emancipation* dont je parle le laps de temps nécessaire pour que cette publication arrivât à Genève, se trouvât entre les mains de Véra Ivanovna et fût lue, c'est-à-dire trois ou quatre jours, on pourra établir d'une façon assez exacte la date de la discussion que je viens de raconter, au café « Landolt ». C'était, je m'en souviens, par une journée printanière (peut-être au début de l'été), le soleil luisait gaiement et le petit rire de gorge de Lénine était jovial. Je me rappelle son air tranquillement railleur, assuré de lui-même et « ferme » — précisément ferme, bien que Vladimir Iliitch fût alors assez maigre et non tel qu'on l'a connu dans la dernière période de sa vie. Véra Ivanovna, comme toujours, rebondissait, se tournant tantôt vers l'un, tantôt vers l'autre. Mais personne, me semble-t-il, ne se mêla à la discussion, qui, d'ailleurs, ne dura pas longtemps, juste le temps de prendre les chapeaux.

Nous rentrâmes, Zassoulitch et moi, ensemble. Elle était abattue, sentant que le jeu de Struvé était tout à fait gâté. Je ne pouvais lui donner aucune consolation. Personne d'entre nous, cependant, ne pressentait alors *dans quelle mesure,* combien admirablement étaient battus les atouts du libéralisme russe dans ce petit dialogue qui eut lieu près de la porte du café « Landolt ».

*
**

Je vois toute l'insuffisance de ce que je viens de raconter : mon récit a été plus pauvre que je ne me le figurais lorsque j'entrepris ce travail. Mais j'ai recueilli soigneusement tout ce que ma mémoire avait conservé, même ce qui est le moins significatif, car il n'y a plus personne, actuellement, qui puisse parler en détail de cette période. Plékhanov est mort. Zassoulitch est morte. Martov est mort. Et Lénine est mort. Il est douteux que l'un d'entre eux ait laissé des mémoires. Véra Ivanovna peut-être? Mais nous n'en entendons point parler. De toute la rédaction de l'*Iskra* à cette époque, il ne reste qu'Axelrod et Potressov. Mais l'un et l'autre, mis à part tous autres motifs, ont pris peu de part au travail de la rédaction et assistèrent peu souvent à nos réunions. L. G. Deutch pourrait raconter quelque chose, mais lui aussi arriva à l'étranger plutôt vers la fin de l'époque ci-dessus décrite, peu de temps avant moi et, en outre, il ne participa pas directement aux travaux de la rédaction. Des renseignements inappréciables peuvent être donnés et le seront, espérons-le, par Nadejda Konstantinovna. Elle se trouvait alors au centre de tout le travail d'organisation; c'était elle qui recevait les camarades venus de loin, c'était elle qui faisait les recommandations et qui mettait en chemin de fer les partants; elle qui établissait les liaisons, qui fixait les rendez-vous, qui écrivait les lettres, qui chiffrait, qui déchiffrait. Dans sa chambre, on sentait presque toujours l'odeur du papier chauffé à la lampe. Et fréquemment elle se plaignait, avec sa douce insistance, de ne pas recevoir assez de lettres, ou de ce que l'on s'était trompé de chiffre, ou de ce que l'on avait écrit à l'encre chimique de telle façon qu'une ligne grimpait sur l'autre, etc. Ce qui est encore plus important, bien entendu, c'est que, dans ce travail d'organisation, à côté de Lénine, Nadejda Konstantinovna pouvait, de jour en jour, observer tout ce qui se passait en lui et autour de lui. Cependant, ces lignes, je l'espère, ne seront pas superflues, en partie parce que Nadejda Konstantinovna assistait peu souvent aux réunions de la rédaction, du moins à celles où je me trouvai. Et enfin, surtout, parce que l'observateur du dehors remarque plus facilement ce qui ne se voit pas dans une constante fréquentation. Quoi qu'il en soit, j'ai raconté ce que je pouvais dire. Maintenant, je voudrais formuler quelques réflexions générales, je voudrais dire pourquoi, à mon avis, à l'époque de l'ancienne *Iskra,* devait se produire une crise décisive dans le sentiment politique que Lénine devait avoir de lui-même, dans la façon dont, pour ainsi dire, il s'appréciait lui-même; pourquoi cette crise était inévitable et pourquoi elle devint indispensable.

Lénine arriva à l'étranger dans sa maturité, à l'âge de trente ans. En Russie, dans les cercles d'étudiants, dans les premiers groupes de la social-démocratie, dans les colonies de déportés, il avait occupé la première place. Il ne pouvait pas ne pas sentir sa force, déjà pour cette simple raison que tous ceux qu'il rencontrait, et avec qui il travaillait, la reconnaissaient. Il partit pour l'étranger déjà en possession d'un très important bagage théorique, avec une sérieuse provision d'expérience politique et tout animé de cette tension vers le but qui constituait sa véritable nature spirituelle. A l'étranger, il devait d'abord collaborer avec le Groupe de l'*Emancipation du Travail*, et, avant tout, avec Plékhanov, le profond et brillant commentateur de Marx, le maître de plusieurs générations, théoricien, politique, publiciste, orateur qui s'était fait un nom européen et des liaisons dans toute l'Europe. A côté de Plékhanov se trouvaient deux grandes autorités : Zassoulitch et Axelrod. Non seulement son héroïque passé mettait en avant Véra Ivanovna, mais c'était un esprit des plus pénétrants, d'une large instruction, principalement historique, et d'une rare intuition psychologique. Par l'intermédiaire de Zassoulitch s'était faite, en son temps, la liaison du « Groupe » avec le vieil Engels. A la différence de Plékhanov et de Zassoulitch, qui étaient plus étroitement liés avec le socialisme latin, Axelrod représentait dans le « Groupe » les idées et l'expérience de la social-démocratie allemande. Cette différence des « sphères d'influence » s'exprimait même par les lieux de résidence. Plékhanov et Zassoulitch habitaient surtout à Genève; Axelrod à Zurich. Axelrod s'était concentré sur les questions de tactique. Il n'a pas donné, on le sait, une seule étude de théorie ou d'histoire. En général, il écrivait peu. Mais ce qu'il écrivait traitait presque toujours des questions de tactique du socialisme. Dans ce domaine, Axelrod montrait de l'originalité et de la pénétration. D'après les nombreuses conversations que j'eus avec lui (pendant un temps, nous fûmes très liés, lui et moi, ainsi qu'avec Zassoulitch), je me figure nettement que bien des choses écrites par Plékhanov sur des questions de tactique furent le résultat d'un travail collectif et que, dans ce travail, la part d'Axelrod est beaucoup plus importante qu'il n'apparaît d'après les documents imprimés. Axelrod lui-même avait dit plus d'une fois à Plékhanov, chef indiscutable et affectionné du « Groupe » (jusqu'à la rupture en 1903) :

— Toi, Georges, tu as la trompe longue, tu arrives à décrocher tout ce dont tu as besoin...

Axelrod, on le sait, avait écrit la préface d'un manuscrit envoyé de Russie par Lénine : *Les Tâches des Social-Démocrates de Russie.*

Par cet acte, le « Groupe » adoptait en quelque sorte le jeune et doué travailleur russe, mais en même temps, cela prouvait qu'on le considérait comme un disciple. C'est précisément en qualité de disciple que Lénine arriva à l'étranger, avec deux autres élèves.

Je n'ai point assisté aux premières rencontres des élèves avec les maîtres, à ces entretiens où fut élaborée la ligne essentielle de l'*Iskra.* Il n'est pourtant pas difficile de comprendre, à la lumière des observations sur le semestre que je viens de décrire, et particulièrement à la lumière du IIe Congrès du parti, que la gravité du conflit, en dehors des questions de principe qui commençaient à peine à se poser, avait pour cause l'inexactitude du jugement porté par les anciens sur la croissance et la signification de Lénine.

Durant le IIe Congrès et immédiatement après, l'indignation d'Axelrod et des autres membres de la rédaction contre Lénine s'accompagnait d'un certain étonnement :

— Comment avait-il osé aller si loin?

La surprise grandit encore quand, après la rupture de Plékhanov avec Lénine, qui suivit de près le congrès, Lénine continua néanmoins à mener la bataille.

L'état d'esprit d'Axelrod et des autres pourrait peut-être s'exprimer en ces termes : « Quelle mouche l'a donc piqué? »

« Il n'y a pourtant pas si longtemps qu'il est arrivé

à l'étranger, disaient les anciens; il est arrivé en qualité de disciple et c'est ainsi qu'il s'est présenté (Axelrod insistait particulièrement sur ce point dans ce qu'il raconta sur les premiers mois de l'*Iskra*). D'où vient donc tout à coup cette belle assurance? Quelle est cette audace? » etc.

Ensuite, on cherchait à deviner ses desseins : il s'était préparé un terrain en Russie, il n'était pas étonnant que tous les moyens de liaison fussent entre les mains de Nadejda Konstantinovna; c'était là-bas que tout doucement l'on travaillait l'opinion des camarades russes contre le Groupe de l'*Emancipation du Travail*. Zassoulitch n'était pas moins indignée que les autres, mais peut-être comprenait-elle un peu mieux. Ce n'était pas en vain qu'elle avait dit à Lénine que, quand il mordait, « il ne lâchait plus », en quoi il se distinguait de Plékhanov. Et qui sait l'impression qu'avait pu produire cette parole en son temps? Lénine ne s'était-il pas répété : « Oui, c'est vrai : qui connaîtrait mieux Plékhanov que Zassoulitch? Il mordille, il tire, et il abandonne sa proie; or, il ne s'agit pas du tout de mordiller pour lâcher ensuite... Il faut mordre et tenir bon ».

Dans quelle mesure et dans quel sens il pourrait être vrai que Lénine ait préalablement « travaillé » l'opinion des camarades en Russie, c'est Nadejda Konstantinovna qui nous le raconterait mieux que personne. Mais dans un sens plus large, et sans invoquer des faits précis, on peut dire que cette préparation des esprits eut lieu. Lénine songeait toujours au lendemain quand il établissait et affermissait les bases de l'aujourd'hui. Sa pensée créatrice ne se refroidissait jamais et sa vigilance ne s'endormait pas. Et quand il fut convaincu que le Groupe de l'*Emancipation du Travail* n'était pas capable de prendre entre ses mains la direction immédiate de l'avant-garde prolétarienne pour organiser le combat, devant la révolution qui approchait, il tira de là toutes les conclusions qui s'imposaient à lui. Les anciens s'y trompèrent, et pas seulement les anciens : celui qu'ils trouvaient devant eux n'était plus simplement un jeune travailleur d'un esprit remarquable, à qui Axelrod accordait la distinction d'une préface amicalement protectrice; c'était un chef, tout entier tendu vers son but et qui, ce me semble, se sentait définitivement devenu chef, lorsque, dans son travail, il se trouvait coude à coude avec les anciens, avec les maîtres. Il avait constaté qu'il était plus fort et plus indispensable qu'eux. Il est vrai qu'en Russie aussi, Lénine, selon l'expression de Martov, était le premier entre ses pairs. Mais il s'agissait alors uniquement des premiers cercles social-démocrates, des jeunes organisations. Les réputations en Russie avaient encore un caractère provincial : combien l'on comptait alors de Lassalle russes, de Bebel! Le Groupe de l'*Emancipation du Travail,* c'était autre chose : Plékhanov, Axelrod et Zassoulitch se trouvaient au même rang que Kautsky, Lafargue, Guesde et Bebel, le véritable Bebel allemand. En mesurant dans le travail ses forces aux leurs, Lénine prit sa mesure européenne. C'est précisément dans ses différends avec Plékhanov, lorsque la rédaction se groupait sur deux axes, c'est alors que Lénine dut acquérir cet endurcissement dans son assurance sans lequel, plus tard, il n'aurait pas été Lénine.

Or, les différends avec les anciens étaient inévitables. Ce n'est pas parce que l'on se trouvait, de prime abord, en présence de deux conceptions différentes du mouvement révolutionnaire. Non, dans cette période, il n'en était pas encore ainsi. Mais le côté même par lequel on abordait les événements politiques, les tâches d'organisation et, en général, toutes les besognes pratiques, et par lequel, conséquemment, on abordait la révolution prochaine, était profondément distinct pour l'un et pour l'autre camp. Les anciens, à cette époque-là, avaient déjà passé dans l'émigration une vingtaine d'années. Pour eux, l'*Iskra* et *Zaria* étaient avant tout des entreprises de presse. Mais pour Lénine, c'était l'instrument direct de l'action révolutionnaire. Dans Plékhanov, comme cela apparut quelques années plus tard, en 1905-1906, et encore plus tragiquement à l'époque de la guerre impérialiste, au fond de Plékhanov, il y avait un sceptique de la révolution; il considérait de haut cette tension vers le but qui caractérisait Lénine, et il avait à ce sujet dans son sac plus d'une plaisanterie indulgemment venimeuse. Axelrod, comme je l'ai déjà dit, se tenait plus proche des problèmes de la tactique, mais sa pensée s'obstinait à ne pas sortir du cercle des questions de préparation à la préparation. Axelrod, assez souvent, analysait avec un très grand art les tendances et les nuances à l'intérieur des divers groupes socialistes des intellectuels révolutionnaires. C'était un homéopathe de la politique prérévolutionnaire. Ses méthodes et ses procédés avaient un caractère de laboratoire, de pharmacie. Les quantités sur lesquelles il opère sont toujours infiniment petites : les groupes qu'il étudie, il est obligé de les mettre sur une balance de précision, en regard des poids les plus minuscules. Ce n'est pas en vain que L. G. Deutch rapprochait Axelrod du type de Spinoza; et ce n'est pas en vain que Spinoza était tailleur de diamants : ce travail se fait, on le sait, à la loupe. Or, Lénine prenait les événements et les rapports sociaux en gros, il habituait sa pensée à saisir des masses sociales et par là il reflétait l'image de la révolution en marche qui surprit à l'improviste et Plékhanov et Axelrod.

L'approche de la révolution était sentie plus directement, semble-t-il, par Véra Ivanovna Zassoulitch que par les autres anciens. Sa vivante connaissance de l'histoire, libre de tout pédantisme, saturée d'intuition, l'aida beaucoup dans cette affaire. Mais elle sentait la révolution comme une vieille radicale. Jusqu'au fond de l'âme, elle était convaincue que nous possédions tous les éléments de la révolution, à l'exception d'un « véritable » libéralisme, sûr de lui-même, qui devrait prendre la direction du mouvement; elle croyait que nous autres, marxistes, par notre critique prématurée et par notre façon de « traquer » les libéraux, nous ne pouvions que les effrayer, et que par là même, nous jouions, en fait, un rôle contre-révolutionnaire. Dans la presse, il est vrai, Véra Ivanovna n'en disait rien. Et dans des entretiens personnels, elle n'exprimait pas toujours sa pensée jusqu'au bout. Mais, néanmoins, c'était là sa conviction la plus intime. Et de là venait son antagonisme avec Paul (Axelrod) qu'elle considérait comme un doctrinaire. Effectivement, dans les limites de l'homéopathie tactique, Axelrod, immanquablement, défendait l'hégémonie révolutionnaire de la social-démocratie. Il refusait seulement de transporter ce point de vue, d'abandonner le langage des groupes et des petits cercles pour prendre celui des classes, à un moment où les classes se mirent en mouvement. C'est là que s'ouvrait l'abîme entre lui et Lénine.

Lénine arriva à l'étranger non point comme un marxiste « en général », non point pour un travail de littérature révolutionnaire « en général », non simplement pour continuer le travail de vingt ans du Groupe de l'*Emancipation du Travail*. Non, il arriva comme un chef virtuel; non comme un chef « en général », mais comme le chef de cette révolution qui allait croissant, qu'il sentait, qu'il palpait. Il arriva pour préparer, dans le laps de temps le plus court possible, les idées et l'appareil d'organisation de cette révolution. Et quand je parle de sa tension vers le but, tout à la fois frénétique et disciplinée, je ne l'entends pas dans le sens où lui, Lénine, se serait efforcé de concourir au triomphe « final »; non, ce serait une phrase trop générale et vide — mais je l'entends dans ce sens concret, direct, immédiat qu'il se donna un but pratique: accélérer l'arrivée de la révolution et en assurer la victoire. Quand Lénine, dans son travail à l'étranger, se trouva coude à coude avec Plékhanov, lorsque disparut entre eux ce que les Allemands appellent gravement « la distance », il ne pouvait pas ne pas être lumineux pour « le disciple » que, dans la question selon lui essentielle à son temps, il n'avait presque rien à apprendre de son maître et que, même, ce maître temporisateur par scepticisme était capable d'enrayer de son autorité le travail salutaire et de lui arracher à lui, Lénine, de plus jeunes collaborateurs. De là le soin vigilant que mit Lénine à s'occuper de la composition de la rédaction, de là cette combinaison des « sept » et des « trois », de là son effort pour détacher Plékhanov du Groupe de l'*Emancipation du Travail*, pour créer une direction ternaire, dans laquelle Lénine « aurait » toujours Plékhanov, sur les questions de théorie révolutionnaire, et Martov, sur les questions de politique. Les combinaisons personnelles pouvaient changer; mais « l'anticipation » restait immuable dans l'essentiel et, finalement, elle prit forme en chair, en os et en sang.

Au IIe Congrès, Lénine conquit Plékhanov, mais sans espoir de le garder longtemps; en même temps, il perdit Martov, et ce fut pour toujours. Plékhanov avait évidemment senti quelque chose au IIe Congrès; du moins dit-il alors à Axelrod, en réponse aux amers reproches de celui-ci et à l'étonnement que lui inspirait l'alliance de Plékhanov avec Lénine : « C'est de cette pâte que l'on fait les Robespierre! » Je ne sais si cette phrase remarquable a jamais été citée dans la presse et si elle est même connue dans le parti; mais j'en garantis l'authenticité. « C'est de cette pâte que l'on fait les Robespierre! » Et même quelque chose de plus, Georges Valentinovitch! a répondu l'histoire. Mais évidemment, cette révélation de l'histoire pâlit bientôt dans la conscience de Plékhanov lui-même. Il rompit avec Lénine, il revint au scepticisme et aux plaisanteries venimeuses qui, d'ailleurs, avec le temps, perdirent de leur venin.

Mais dans l'anticipation « scissionniste », il ne s'agissait pas seulement de Plékhanov, pas seulement des anciens. Par le second congrès s'achevait en quelque sorte le stade primaire de la période préparatoire. Cette circonstance que l'organisation de l'*Iskra* se scinda d'une façon tout à fait inattendue au congrès, qu'elle fut divisée en deux parts presque égales, cette circonstance en elle-même prouve que, dans le stade primaire, il y avait eu encore bien des réticences. Le parti de classe n'en était encore tout juste qu'à percer la coquille du radicalisme intellectuel. Le courant qui apportait les intellectuels au marxisme ne s'était pas encore interrompu. Le mouvement estudiantin, par son flanc gauche, touchait à l'*Iskra*. Dans les milieux de la jeunesse intellectuelle, surtout à l'étranger, les groupes qui donnaient leur concours à l'*Iskra* étaient très nombreux. Tout cela était encore bien vert, peu mûr, et, dans la majorité des cas, instable. Les étudiantes attachées à l'*Iskra* posaient alors à un conférencier cette question : « Une camarade de l'*Iskra* a-t-elle le droit d'épouser un officier de marine? » Au IIe Congrès, il n'y eut que trois ouvriers; encore ne les avait-on pas fait venir sans peine. L'*Iskra*, d'une part, réunissait et éduquait un cadre de révolutionnaires professionnels et attirait sous son drapeau de jeunes ouvriers animés d'un esprit héroïque. D'autre part, des groupes considérables d'intellectuels ne faisaient que passer à travers l'*Iskra*, pour muer bientôt et se transformer en « émancipateurs». L' *Iskra* avait du succès non seulement comme organe marxiste du parti prolétarien en construction, mais aussi, simplement, comme publication de combat politique, d'extrême-gauche, qui n'était pas embarrassée pour trouver des mots violents. Les éléments les plus radicaux de l'intelligence acceptaient dans leur premier élan, de lutter pour la liberté, sous le drapeau de l'*Iskra*. Et cependant, l'esprit progressiste-pédagogique des intellectuels, qui les maintenait dans la méfiance à l'égard des forces du prolétariat, esprit qui avait trouvé auparavant son expression dans « l'économisme », était arrivé maintenant, et cela d'une façon assez sincère, à prendre la couleur de l'*Iskra*, sans rien changer à sa propre essence. A la fin des fins, la brillante victoire de l'*Iskra* était beaucoup plus large que ne l'étaient ses conquêtes éelles. Je ne me charge pas de juger pour l'instant dans quelle mesure Lénine s'en rendait compte clairement et complètement avant le IIe Congrès, mais en tout cas, il y voyait plus clair et plus complètement que personne. Dans ces états d'esprit assez variés qui se groupaient sous le drapeau de l'*Iskra*, trouvant leur reflet dans la rédaction même, Lénine était le seul à représenter le demain, avec toutes ses rudes tâches, ses cruels conflits et ses innombrables victimes. De là sa vigilance et ses suspicions de combattant. De là cette façon de poser nettement les questions d'organisation, qui a trouvé son expression symbolique dans la question des adhésions de membres au parti. (Paragraphe 1er des Statuts).

Il est tout à fait naturel qu'au IIe Congrès, qui se préparait à récolter les fruits des victoires spirituelles de l'*Iskra*, ce soit Lénine qui commença le travail d'une nouvelle distribution, d'une nouvelle sélection, plus exigeante, plus sévère. Pour se décider à une telle démarche, en ayant contre soi la moitié du congrès, Plékhanov n'étant qu'un demi-allié, et peu sûr, tous les autres membres de la rédaction étant des adversaires déclarés et décidés; pour se résoudre, en de telles conditions, à une nouvelle sélection, il fallait avoir déjà une foi tout exceptionnelle non seulement en sa cause, mais en ses forces.

Cette foi, Lénine la dut à ce jugement sur lui-même, vérifié par l'expérience, qui résulta de sa collaboration avec les « maîtres » et des premiers éclairs qui annoncèrent les prochains orages du conflit et le fracas de la scission.

Il fallait toute cette puissante tension vers le but de Lénine pour entreprendre une telle œuvre et la mener jusqu'au bout. Lénine, infatigablement, tendait la corde de l'arc jusqu'à la limite, jusqu'à l'impossible, et, en même temps, tâtait prudemment du doigt : n'y avait-il pas fléchissement, menace d'éclatement? — Impossible de tendre à ce point, l'arc va se briser! criait-on de divers côtés. — Il n'éclatera pas, répondait le maître archer. Notre arc est fait de cette matière prolétarienne qui ne rompt pas; quant à la corde du parti, il faut la tendre encore et encore, car nous devrons envoyer très loin la lourde flèche!

5 *mars* 1924.

AUTOUR D'OCTOBRE

I

Avant Octobre

Lénine était arrivé à Pétersbourg et prenait la parole dans les meetings ouvriers, contre la guerre et contre le gouvernement provisoire; je l'appris par les journaux américains, me trouvant alors au Canada, dans un camp de concentration, à Amhurst.

Les matelots allemands qui y étaient internés manifestèrent aussitôt un vif intérêt pour la personne de Lénine dont le nom se rencontrait pour la première fois dans les dépêches d'agences. Tous ces hommes attendaient avec anxiété la fin de la guerre qui devait leur ouvrir les portes de la prison. Ils prêtaient la plus extrême attention à toute voix qui s'élevait contre la guerre. Jusqu'à ce moment, ils n'avaient connu que Liebknecht. Mais on leur avait souvent dit que Liebknecht s'était laissé acheter. Maintenant ils commençaient à connaître Lénine. Je leur racontais le temps de Zimmerwald et de Kienthal. L'action publique de Lénine ramena à Liebknecht un grand nombre d'entre eux.

C'est en passant par la Finlande que je trouvai les premiers journaux russes, fraîchement arrivés : leurs télégrammes annonçaient l'entrée de Tsérételli, de Skobélev et d'autres « socialistes » dans le gouvernement provisoire. Ainsi, les circonstances se présentaient d'une façon parfaitement claire. Je pris connaissance des thèses d'avril de Lénine le lendemain ou le surlendemain de mon arrivée à Pétersbourg. C'était précisément ce qu'il fallait pour la révolution. Je ne lus que plus tard dans la *Pravda* l'article de Lénine qu'il avait envoyé auparavant de Suisse : *La Première Etape de la Première Révolution*. On peut encore, et l'on doit relire avec le plus vif intérêt et avec profit politique les premiers numéros, si confus, de la *Pravda* prérévolutionnaire : sur ce fond, la *Lettre de Loin* de Lénine surgit avec toute sa force concentrée. Cet article, très calme, d'un ton théorique et explicatif, pourrait être comparé à un énorme spiral d'acier, enroulé fortement sur lui-même, qui devait ensuite se dérouler et s'élargir, couvrant de son développement tout le contenu de la révolution.

Je m'entendis avec le camarade Kamenev pour causer avec la rédaction de la *Pravda* peu après mon arrivée. Cette première entrevue eut lieu, je crois, le 5 ou le 6 mai. Je dis à Lénine que rien ne m'éloignait de ses thèses d'avril et de toute la ligne suivie par le parti depuis son retour en Russie; une alternative se posait pour moi : ou bien entrer, individuellement, dans une organisation du parti, ou bien essayer d'amener l'élite des « unionnistes », dont l'organisation comptait jusqu'à 3.000 ouvriers à Pétersbourg, avec lesquels étaient liées de nombreuses et précieuses forces révolutionnaires : Ouritsky, Lounatcharsky, Ioffé, Vladimirov, Manouilsky, Karakhan, Iouréniev, Posern, Litkens et d'autres. Antonov-Ovséenko avait déjà rallié à cette époque le parti; Sokolnikov également, il me semble.

Lénine ne se prononçait catégoriquement ni pour l'une, ni pour l'autre solution. Avant tout, il importait de s'orienter d'une manière plus concrète au milieu des circonstances et des hommes. Lénine n'excluait pas la possibilité d'une coopération quelconque avec Martov, ou en général avec une partie des menchéviks-internationalistes récemment arrivés de l'étranger. En même temps, il fallait voir comment se régleraient les rapports entre « internationalistes » au cours du travail.

En vertu d'une convention tacite, je ne cherchais pas, de mon côté, à forcer le développement naturel des événements. Notre politique était commune. Dans les meetings d'ouvriers et de soldats, dès le premier jour de mon arrivée, je m'exprimais ainsi : « Nous autres, bolchéviks et internationalistes »; et comme la conjonction « et » faisait un inutile embarras dans le discours quand on répétait fréquemment ces mots, je raccourcis bientôt la formule et je disais : « Nous autres, bolchéviks-internationalistes. » Ainsi, la fusion politique précédait celle des organisations (1).

Jusqu'aux journées de juillet, on me vit à la rédaction de la *Pravda* deux ou trois fois, aux moments les plus critiques. Dans ces premières rencontres, et plus encore après les journées de juillet, Lénine donnait l'impression d'une concentration de tout son être poussée au plus haut degré, d'un formidable recueillement intérieur, sous une apparence de calme et de simplicité « prosaïque ». Le régime de Kérensky semblait en ce temps-là tout puissant. Le bolchévisme ne se présentait que comme « une poignée insignifiante » de gens. Le parti lui-même n'avait pas encore conscience de sa force prochaine. Et, en même temps, Lénine le conduisait d'une démarche sûre vers les tâches les plus grandes...

---

(1) N. N. Soukhanov, dans ses *Notes sur la Révolution*, « construit » ma ligne particulière, la distinguant de celle de Lénine. Mais Soukhanov s'est précisément signalé comme « constructiviste ».

Les discours qu'il prononça au premier Congrès des Soviets produisirent dans la majorité socialiste-révolutionnaire et menchéviste une surprise inquiète. On sentit, chez eux, confusément, que cet homme visait très loin. Mais eux ne voyaient pas la cible et les petits bourgeois révolutionnaires s'interrogeaient : qui est-ce? qui est-ce? un simple maniaque? ou bien un projectile historique d'une force explosive inouïe?

Le discours de Lénine au Congrès des Soviets, dans lequel il parlait de la nécessité d'arrêter 50 capitalistes, ne fut peut-être pas tout à fait « heureux » au point de vue oratoire. Mais il eut une signification exceptionnelle. Les brefs applaudissements de bolchéviks relativement peu nombreux accompagnèrent l'orateur qui descendit de la tribune de l'air d'un homme qui n'a pas encore tout dit et qui peut-être n'a pas tout à fait dit les choses comme il l'aurait voulu... Et en même temps, un souffle extraordinaire avait passé sur la salle. C'était le vent de l'avenir que tous sentirent à ce moment-là, tandis que les regards effarés accompagnaient cet homme, d'aspect si ordinaire et pourtant énigmatique.

Qui était-il? Qu'était-il? Plékhanov, dans son journal, n'avait-il pas dit du premier discours de Lénine sur le territoire révolutionnaire de Pétersbourg que c'était du délire? Les délégués élus par les masses ne se rattachaient-ils pas presque tous aux socialistes-révolutionnaires et aux menchéviks? Et même dans les milieux bolchévistes, la position occupée par Lénine n'avait-elle pas provoqué le plus vif mécontentement?

D'une part, Lénine exigeait catégoriquement une rupture non seulement avec le libéralisme bourgeois, mais avec tous les partisans d'une « défense nationale ». Il organisait la lutte à l'intérieur de son propre parti contre ces « vieux bolchéviks qui — écrivait-il — avaient déjà joué plus d'une fois un triste rôle dans l'histoire de notre parti, en ressassant sans rime ni raison une formule *apprise par cœur*, au lieu *d'étudier* dans son originalité singulière la réalité nouvelle, vivante». (*Œuvres complètes*, tome XIV, partie I, page 28.) Ainsi, pour un observateur superficiel, il affaiblissait son parti. Mais, en même temps, il déclarait au Congrès des Soviets : « Il n'est pas vrai qu'aucun parti ne consente en ce moment à prendre le pouvoir; il existe un parti qui y est bien décidé: c'est le nôtre». N'y avait-il pas une contradiction monstrueuse entre la situation d'un « petit cercle de propagandistes » qui s'isolait de tous les autres et cette prétention hautement affirmée de prendre le pouvoir dans un immense pays ébranlé jusqu'en ses dernières profondeurs?

Et le Congrès des Soviets méconnaissait de la façon la plus complète ce que voulait, ce que pouvait espérer cet étrange homme, ce froid visionnaire, qui écrivait de petits articles dans un tout petit journal.

Et quand Lénine, avec une magnifique simplicité, qui semblait être de la naïveté aux véritables naïfs, déclarait au Congrès des Soviets : « Notre parti est prêt à se saisir du pouvoir dans toute son ampleur », ce fut un éclat de rire général. « Riez tant que vous voudrez! » répliqua Lénine. Il connaissait le proverbe : « Rira bien qui rira le dernier ». Lénine aimait ce dicton français, car il se disposait, quant à lui, fermement, à rire le dernier.

Et il continuait tranquillement à démontrer qu'il faudrait, pour le début, arrêter cinquante ou cent des plus importants millionnaires et déclarer au peuple que nous considérions tous les capitalistes comme des bandits, et que Téréchtchenko ne valait pas mieux que Milioukov, qu'il était seulement plus bête. Ah! les simples idées, épouvantablement, inexorablement naïves! Et ce représentant d'une petite partie du Soviet, laquelle, de temps en temps, l'applaudissait avec modération, disait encore à l'assemblée : « Vous avez peur du pouvoir? Eh bien, nous, nous sommes prêts à le prendre ». On riait, on riait, bien entendu, d'un rire alors presque indulgent, mais tout de même un peu inquiet.

Et pour texte de son second discours, Lénine choisit quelques paroles d'une simplicité extraordinaire; il cite ce que lui écrit un paysan; le bonhomme est d'avis qu'il faudrait appuyer plus fort sur la bourgeoisie, pour qu'elle crève par toutes les coutures; alors la guerre serait terminée; mais, disait le rustre, si l'on ménageait la bourgeoisie, les choses pourraient se gâter...

Et cette simple citation, cette naïve parole, c'était donc tout le programme de Lénine? Comment n'en être pas interloqué? Petits rires encore, de petits rires fusaient, indulgents et inquiets. En effet, si l'on voulait considérer abstraitement le programme des propagandistes, ces mots : « appuyer, faire pression sur la bourgeoisie » n'avaient pas beaucoup de poids. Cependant, ceux qui s'en étonnaient ne comprenaient pas que Lénine avait surpris sans erreur possible le bruit sourd de la pression croissante exercée par les temps nouveaux sur la bourgeoisie, et qu'en résultat de cette pression, elle devrait vraiment craquer « par toutes les coutures ».

Lénine, en réalité, ne s'était pas trompé lorsque, en mai, il expliquait à Monsieur Maklakov que « ce pays d'ouvriers et de paysans indigents était mille fois plus à gauche que les Tchernov et les Tsérételli et cent fois plus à gauche que nous autres, bolchéviks ».

C'est en ce point qu'il faut apercevoir la source principale de la tactique de Lénine. Sous la pellicule fraîchement formée, mais déjà assez trouble, de la démocratie, il atteignait aux profondeurs du « pays d'ouvriers et de paysans indigents ». Et ce pays était prêt à faire la plus grande des révolutions. Cependant il était encore incapable de manifester cette disposition en politique.

Les partis qui parlaient, qui parlent au nom des

ouvriers et des paysans, les trompaient, simplement. Des millions d'ouvriers et de paysans ignoraient encore notre parti, ne l'avaient pas découvert, ne savaient pas qu'il exprimait leurs tendances; et, en même temps, notre parti ne comprenait pas encore toute sa puissance virtuelle » c'est pourquoi il se trouvait « cent fois plus à droite » que les ouvriers et les paysans. Il fallait procéder au rassemblement, il fallait montrer au parti les millions d'hommes qui avaient besoin de lui, il fallait montrer le parti à ces millions d'hommes. On devait éviter de courir trop de l'avant, mais on ne devait pas rester en arrière. Il était nécessaire de donner de patientes et persévérantes explications. Or, ce que l'on devait expliquer était fort simple :

« A bas les dix ministres capitalistes! »

Les menchéviks n'étaient pas d'accord là-dessus? A bas les menchéviks! Ils riaient aux éclats? Ils ne riraient pas toujours... Et rirait bien qui rirait le dernier.

Je me rappelle qu'alors je fis la proposition d'exiger au Congrès des Soviets qu'une question fût posée d'urgence sur l'offensive que l'on préparait au front.

Lénine approuva cette idée, mais il voulait d'abord, évidemment, en délibérer avec les autres membres du Comité central.

A la première séance du Congrès, le camarade Kamenev apporta un projet hâtivement esquissé par Lénine, projet de déclaration des bolchéviks au sujet de l'offensive. Je ne sais si ce document a été conservé. Le texte en parut, je ne sais plus pour quels motifs, inacceptable pour le Congrès : ce fut l'opinion des bolchéviks ainsi que des internationalistes. Posern, à qui nous voulions confier la mission de le lire, formula aussi des objections contre ce texte. J'en rédigeai un autre qui fut adopté et lu.

Cette intervention fut organisée, si je ne me trompe, par Sverdlov que je rencontrai précisément pour la première fois à ce premier Congrès des Soviets où il présidait la fraction bolchéviste.

Malgré sa petite taille et sa maigreur qui donnaient l'impression d'un état maladif, la personne de Sverdlov en imposait par sa gravité et sa calme énergie. Il présidait d'une manière égale, sans bruit et sans à-coups, comme travaille un bon moteur. Le secret de ce maintien n'était pas, bien entendu, dans le seul art de présider, mais en ceci que Sverdlov voyait parfaitement la composition de la salle et savait admirablement à quoi il voulait arriver.

Avant chaque séance, il avait des conversations séparées avec des délégués qu'il interrogeait et chapitrait quelquefois. Dès avant l'ouverture de la séance, il se représentait dans l'ensemble comment les choses allaient se développer. Mais il n'avait pas besoin de conversations préalables pour savoir, mieux que quiconque, l'attitude qu'adopterait tel ou tel militant sur la question soulevée. Le nombre de camarades dont il pénétrait clairement la pensée politique était, en proportion de notre parti à cette époque, très grand. Il avait des facultés innées d'organisation et de combinaison. Chaque question politique lui apparaissait avant tout, dans sa nature concrète, au point de vue de l'organisation : il y voyait une question de rapports entre personnes et groupes à l'intérieur de l'organisation du parti, et de rapports entre l'organisation prise au total et les masses. Dans les formules algébriques, il jetait immédiatement et presque automatiquement des chiffres. Par là, il réalisait la très importante vérification des formules politiques, dans la mesure où il s'agissait d'action révolutionnaire.

Quand on eut renoncé à la démonstration du 10 juin, comme l'atmosphère du premier Congrès des Soviets s'était échauffée au suprême degré et que Tsérételli menaçait de désarmer les ouvriers de Pétrograd, nous allâmes, le camarade Kamenev et moi, à la rédaction et là, après un bref échange de vues, je rédigeai, sur la proposition de Lénine, un projet d'adresse du Comité Central au Comité Exécutif.

Au cours de cette entrevue, Lénine prononça quelques mots sur Tsérételli, à propos du dernier discours de celui-ci (11 juin) :

— C'était pourtant un révolutionnaire! Combien d'années il a passées au bagne! Et maintenant, il renie complètement ce qu'il a fait...

Il n'y avait dans cette parole aucune intention politique : c'était seulement une réflexion rapide sur le triste sort d'un homme qui avait été jadis un grand révolutionnaire. Le ton était celui d'une certaine compassion, d'un certain dépit, mais l'expression en était brève et sèche : car rien n'était plus odieux à Lénine que la moindre nuance de sentimentalité ou de ratiocination psychologique.

Le 4 ou 5 juillet, je vis Lénine (ainsi que Zinoviev?), ce me semble, au palais de Tauride. L'offensive avait été repoussée. La fureur contre les bolchéviks, chez les gouvernants, atteignait son dernier degré.

— Maintenant, ils vont nous fusiller tous, disait Lénine. Ce serait pour eux le meilleur moment.

Sa pensée dominante était alors qu'il faudrait sonner la retraite et revenir, dans la mesure indispensable, à l'action clandestine. Ce fut un des brusques tournants de la stratégie de Lénine, qui se motivait, comme toujours, par une rapide appréciation des circonstances.

Plus tard, à l'époque du IIIe Congrès de l'Internationale Communiste, Vladimir Iliitch disait un jour :

— En juillet, nous avons fait pas mal de bêtises...

Il voulait dire par là que l'action militaire avait été prématurée, que la manifestation avait pris des formes trop agressives qui n'étaient pas en rapport avec nos forces, proportionnellement à l'immensité du pays.

Et d'autant plus remarquable est pour nous la sereine décision avec laquelle, le 4-5 juillet, il définit les positions respectives de la révolution et de ses adversaires, et, se mettant à la place de ces derniers, en conclut que, « pour eux », c'était le bon moment de nous fusiller.

Par bonheur, nos ennemis étaient incapables alors d'agir avec tant d'esprit de suite et de résolution. Ils se bornèrent à la préparation chimique, aux combinaisons de Pérévertzev. Il est pourtant tout à fait probable que, s'ils avaient réussi, dans les premiers jours qui suivirent la manifestation de juillet, à se saisir de Lénine, ils l'auraient traité, ou plus exactement leurs officiers l'auraient traité avec les procédés qu'employèrent, moins de deux ans plus tard, les officiers allemands à l'égard de Liebknecht et de Rosa Luxembourg.

Dans l'entrevue dont il vient d'être question, il ne fut pas nettement décidé de disparaître ou de se retirer dans l'action clandestine. La révolte de Kornilov se mettait graduellement en branle. Je restai, quant à moi, pendant deux ou trois jours encore, en évidence. Je pris la parole, dans plusieurs réunions de parti et d'organisations, sur ce sujet : « Que faire? » Le furieux élan déclanché contre les bolchéviks semblait insurmontable. Les menchéviks tâchaient, par tous les moyens, de profiter d'une situation qui n'avait pas été créée sans leur concours.

J'eus l'occasion de parler, je m'en souviens, à la bibliothèque du palais de Tauride, dans une réunion de représentants des syndicats. La salle se composait de quelques dizaines d'hommes tout au plus, c'est-à-dire de « sommets ». Les menchéviks dominaient. Je démontrai la nécessité pour les syndicats de protester contre l'accusation lancée aux bolchéviks d'être liés avec le militarisme allemand. Je revois assez confusément les péripéties de cette réunion, mais je me souviens netlement de deux ou trois physionomies sarcastiques qui ne demandaient vraiment qu'à être giflées...

Cependant la terreur s'accentuait. Des arrestations avaient lieu. Pendant plusieurs jours je restai caché dans le logement du camarade Larine. Ensuite, je me mis à sortir, je fis une apparition au palais de Tauride et fus bientôt arrêté.

Je ne fus remis en liberté qu'au moment de la pleine révolte de Kornilov et quand le flot du bolchévisme commençait à monter fortement. A cette époque, les « unionnistes » étaient déjà entrés dans le parti. Sverdlov me proposa de voir Lénine qui se cachait encore. Je ne me rappelle pas par qui je fus conduit au logement ouvrier de « conspiration » où je devais rencontrer Vladimir Iliitch; ce fut peut-être Rakhia qui m'y mena. Là vint aussi Kalinine, que Lénine, en ma présence, continua à interroger longuement sur l'état d'esprit des ouvriers, lui demandant si ceux-ci iraient se battre, s'ils marcheraient jusqu'au bout, si l'on pouvait s'emparer du pouvoir, etc.

Quelles étaient alors les dispositions d'âme de Lénine? Si l'on veut les caractériser en deux mots, on devra dire qu'elles consistaient en de l'impatience réprimée et une profonde inquiétude. Il voyait nettement que le moment arrivait de jouer le va-tout, et en même temps il lui semblait, et non sans raison, que dans les sphères supérieures du parti on ne savait pas discerner toutes les conclusions qui s'imposaient. La conduite du Comité Central lui paraissait trop passive et expectative.

Lénine ne jugeait pas possible pour lui-même de revenir ouvertement à l'action, car il craignait, avec raison, que si on l'arrêtait, cette mesure ne fixât et même ne renforçât l'attitude expectante des principaux militants du parti : ce qui, forcément, nous aurait menés à laisser échapper une situation exceptionnellement révolutionnaire.

C'est pourquoi la soupçonneuse vigilance de Vladimir Iliitch, sa susceptibilité à l'égard de tous symptômes d'esprit temporisateur, de tous indices d'irrésolution et d'atermoiement s'accrurent en ces jours et ces semaines jusqu'au dernier degré. Il exigeait que l'on fît immédiatement une conjuration en règle : il fallait surprendre l'ennemi en coup de foudre, et lui arracher le pouvoir; ensuite, on verrait... Ceci pourtant doit être conté plus en détail.

Le biographe aura à apprécier de la façon la plus scrupuleuse le fait même du retour de Lénine en Russie, et le contact qu'il prit avec les masses ouvrières.

Sauf un court intervalle, qui se place en 1905, Lénine avait passé plus de quinze ans dans l'émigration. Son sentiment de la réalité, son intime perception du travailleur vivant, tel qu'il est dans l'existence, loin de s'affaiblir durant cette longue période, s'étaient affermis au contraire, dans le labeur de la pensée théorique et de l'imagination créatrice. D'après des rencontres et des observations que lui ménageait l'occasion, il démêlait et reconstituait l'image de l'ensemble.

Cependant, c'était en émigré qu'il avait vécu la période durant laquelle il mûrit et grandit définitivement pour accomplir son rôle historique. Quand il arriva à Pétersbourg, il apportait avec lui des généralisations toutes faites, dans lesquelles se résumaient toute l'expérience sociale, théorique et pratique de sa vie. A peine avait-il touché le sol de Russie qu'il proclamait le mot d'ordre de la révolution sociale. Mais c'est seulement alors, dans l'épreuve qui fut faite des vivantes masses laborieuses, réveillées en Russie, c'est alors que commença la vérification de toute la somme de pensées accumulées, révisées, fixées pendant tant d'années.

Les formules résistèrent à cette épreuve. Bien mieux, c'est ici seulement, en Russie, à Pétrograd, qu'elles s'emplirent de leur contenu concret, quotidien, irréfutable, et qu'elles prirent, par conséquent, une force irrésistible.

Désormais, il n'était plus question de reconstituer, d'après des modèles plus ou moins d'occasion, la perspective de l'ensemble. C'était cet ensemble même qui s'affirmait hautement par toutes les voix de la révolution.

Et là Lénine montra, et peut-être lui-même ressentit complètement pour la première fois à quel point il était capable d'entendre la clameur encore chaotique de la masse qui s'éveillait. Avec quel mépris profondément organique il observait les trottinements de souris des partis dirigeants de la révolution de février, ces flots d'une « puissante » opinion publique qui, par ricochets, se renvoyaient d'une gazette à l'autre; avec quel dédain il surprenait la myopie, l'infatuation, le verbiage, tout ce qui caractérisait la Russie officielle de février!

Sous les décors démocratiques qui couvraient cette scène, il entendait monter le grondement d'événements d'une autre envergure. Quand les sceptiques lui indiquaient les grandes difficultés de son entreprise, la mobilisation de l'opinion publique bourgeoise, la présence des forces élémentaires de la petite bourgeoisie, il serrait les dents et ses pommettes se faisaient plus pointues sous la peau des joues. Cela signifiait qu'il se contenait pour ne pas dire aux sceptiques tout bonnement et franchement ce qu'il pensait d'eux.

Il voyait et comprenait les difficultés aussi bien et mieux que personne, mais il avait la sensation nette, physique, comme d'une chose palpable, des gigantesques forces historiques qui s'étaient accumulées et qui, maintenant, donnaient une formidable poussée pour renverser tous les obstacles.

Il voyait, entendait et sentait avant tout l'ouvrier russe, cette classe ouvrière dont le nombre avait considérablement augmenté, qui n'avait pas encore oublié l'expérience de 1905, qui avait passé par l'école de la guerre, qui en avait connu les illusions, qui avait éprouvé les hypocrisies et les impostures de la défense nationale, et qui était prête maintenant à supporter les plus grands sacrifices et à risquer des efforts inouïs.

Il sentait l'âme du soldat, du soldat abasourdi par trois ans d'un carnage diabolique, — sans raison et sans but — du soldat éveillé par le tonnerre de la révolution et qui se disposait à prendre sa revanche de toutes les stupides immolations, de toutes les humiliations, de tous les affronts, par une explosion de haine furieuse qui n'épargnerait rien.

Il entendait et sentait le moujik qui traînait encore les entraves d'un servage multiséculaire et qui, maintenant, grâce à la violente secousse de la guerre, avait aperçu pour la première fois la possibilité de prendre sa revanche sur tous les oppresseurs, les esclavagistes, les seigneurs : revanche épouvantable, implacable.

Le moujik piétinait encore sur place, ne sachant à quoi se décider, hésitant entre la vide faconde de Tchernov et son « truc » à lui, qui consistait en une grande révolte agraire.

Le soldat restait encore en suspens, tantôt sur un pied, tantôt sur l'autre, balançant à prendre son chemin entre le patriotisme et les frénésies de la désertion.

Les ouvriers finissaient d'écouter, mais déjà avec défiance, avec une certaine hostilité, les dernières tirades de Tsérételli.

Déjà grondait impatiemment la vapeur dans les chaudières des vaisseaux de guerre de Cronstadt. Le matelot, qui avait en lui les haines ouvrières, affûtées comme des pointes d'acier et l'obtuse colère d'ours du moujik, le matelot, qui s'était brûlé au feu de l'épouvantable massacre, jetait déjà par-dessus bord ceux qui incarnaient à ses yeux toutes les formes d'oppression, celle de la classe, celle de la bureaucratie et celle de l'autorité militaire.

La révolution de février courait sur la pente. Les lambeaux qui restaient du régime de légalité tsariste étaient ramassés par une coalition de sauveteurs; on les étirait, on les cousait ensemble, et ils finissaient par former un mince voile de légalité démocratique.

Mais, là-dessous, tout bouillonnait et grondait, toutes les rancunes du passé cherchaient leur issue : et c'était la haine du garde dans les campagnes, du commissaire de quartier, du chef de police, du chef du cadastre, du sergent de ville, du fabricant, de l'usurier, du propriétaire, du parasite, de l'homme « aux mains blanches », de l'insulteur, du tyran : ainsi se préparait la plus grande des éruptions révolutionnaires qu'ait connues l'histoire.

Voilà ce qu'entendit et vit Lénine, voilà ce qu'il sentit physiquement, avec une irrésistible netteté, avec une certitude absolue, lorsque, après une longue absence, il prit le contact du pays saisi par les spasmes de la révolution.

« Imbéciles, vantards, crétins, vous pensez que l'histoire se fait dans les salons où de petits parvenus démocrates traitent familièrement, « en amis-cochons », des libéraux titrés, où des pieds-plats d'hier, de petits avocats de province apprennent à baiser vivement les fines mains des Altesses? Imbéciles! Vantards! Crétins!

« L'histoire se fait dans les tranchées où le soldat, possédé par le cauchemar, par l'ivresse de la guerre, enplante sa baïonnette dans le ventre de l'officier, et, ensuite, cramponné aux tampons d'un wagon, fuit vers son village natal pour allumer là l'incendie, pour planter « le coq rouge » sur le toit du propriétaire.

« Cette barbarie n'est point selon votre cœur? Ne vous froissez pas, répond l'histoire : la plus belle fille du monde ne peut donner que ce qu'elle a. Ce qui se passe procède tout simplement de ce qui a précédé. Vous vous imaginez sérieusement que l'histoire se fait dans vos « commissions de contact »? Fadaises, verbiage enfantin, fantasmagorie, crétinisme!

« L'histoire — apprenez-le! — a choisi cette fois pour laboratoire de ses préparations le palais de Kchessinskaïa, de la ballerine, ex-maîtresse de l'ex-tsar. Et de là, de cet édifice qui symbolise l'ancienne Russie, elle prépare la liquidation de toute votre luxure, de toute la dissolution crapuleuse de votre Pétrograd monarchique, bureaucratique, aristocratique, bourgeois. Vers ce palais de la ci-devant ballerine impériale convergent les foules noires de suie, les délégués des fabriques, les députés venus à pied des tranchées, hommes gris, mal bâtis, couverts de poux; et c'est d'ici qu'ils répandent dans le pays la nouvelle parole, les mots fatidiques... »

Les piteux ministres de la révolution délibéraient et se demandaient comment faire restituer le palais à sa propriétaire légitime. Les journalistes bourgeois, socialistes-révolutionnaires, menchévistes, grinçaient de leurs dents cariées, se plaignent de ce que Lénine, du haut du balcon de Kchessinskaïa, lançait les mots d'ordre du bouleversement social. Mais ces efforts tardifs n'arrivaient même pas à augmenter la haine que Lénine ressentait pour l'ancienne Russie ni à donner plus de vigueur à sa volonté de représailles : l'une et l'autre avaient atteint leur dernière limite. Le Lénine qui se dressait sur le balcon de Kchessinskaïa était le même qui, deux mois plus tard, se cacherait dans une meule de foin, et qui, quelques semaines après cela, occuperait le poste de président du Conseil des Commissaires du Peuple.

Lénine voyait en même temps qu'à l'intérieur du parti, il se produisait une certaine résistance conservatrice, — au début plutôt psychologique que politique, — devant le bond immense que l'on devait risquer.

Lénine observait avec inquiétude les divergences qui se manifestaient de plus en plus entre les dispositions *d'une partie* de certains dirigeants du parti et l'état d'âme des masses ouvrières. Pas une minute il ne considéra comme suffisant que le Comité Central eût adopté la formule de l'insurrection armée. Il savait combien il est difficile de passer des paroles aux actes. De toute son énergie, par tous les moyens dont il disposait, il s'efforçait de mettre le parti sous la pression des masses et le Comité Central du parti sous la pression des rangs inférieurs.

Il faisait venir dans son asile des camarades, prenait des renseignements, les vérifiait, procédait à des interrogatoires, organisait la contradiction, lançait par des voies indirectes et transversales ses mots d'ordre dans le parti, les lançait en bas, en profondeur, pour mettre les chefs devant la nécessité d'agir et d'aller jusqu'au bout.

Si l'on veut se rendre compte de la conduite de Lénine pendant cette période, il faut voir nettement ceci : Vladimir Iliitch avait une foi inébranlable en la volonté de révolution des masses, il croyait que la révolution pouvait être faite par les masses; mais il n'avait pas la même confiance dans l'état-major du parti.

Et cependant il comprenait aussi clairement que possible qu'il n'y avait pas de temps à perdre. Il est impossible de conserver à son gré une situation révolutionnaire jusqu'au moment où le parti sera prêt à l'utiliser. Nous l'avons vu récemment, par l'exemple de l'Allemagne. Dernièrement encore, on a pu entendre exprimer cette opinion que si nous n'avions pas pris le pouvoir en octobre, nous nous en serions emparés deux ou trois mois plus tard. Erreur grossière! Si nous n'avions pas pris le pouvoir en octobre, nous ne nous en serions jamais saisis. Notre force à la veille d'octobre était dans un constant afflux des masses qui croyaient que notre parti, que *ce parti* ferait ce que les autres n'avaient pas fait. Si, à ce moment, les masses avaient aperçu chez nous des hésitations, de la temporisation, si elles avaient constaté que nos actes ne correspondaient pas à nos paroles, elles nous auraient abandonné en deux ou trois mois, de même qu'elles venaient de se retirer loin des socialistes-révolutionnaires et des menchéviks. La bourgeoisie aurait bénéficié d'un répit. Elle en aurait profité pour conclure la paix. Les rapports de forces en auraient été radicalement modifiés, et le coup d'Etat prolétarien aurait été différé jusqu'à une époque indéterminable. Voilà précisément ce que Lénine comprenait, ce qu'il sentait, ce qu'il touchait. De là provenaient son inquiétude, son anxiété, sa défiance; de là la furieuse pression qu'il exerça et qui fut salutaire pour la révolution.

Les dissensions à l'intérieur du parti qui éclatèrent en tempête pendant les journées d'octobre s'étaient déjà manifestées antérieurement, à plusieurs étapes de la révolution.

La première escarmouche, où l'on mettait en cause avant tout les principes, mais où la discussion resta encore dans le calme domaine de la théorie, eut lieu aussitôt après l'arrivée de Lénine, au sujet de ses thèses.

La seconde rencontre, qui fut un choc sourd, se produisit à l'occasion de la manifestation armée du 20 avril.

Troisième collision : à propos de la tentative de manifestation armée du 10 juin; les « modérés » estimaient que Lénine voulait les embarrasser d'une démonstration en armes en leur montrant une perspective d'insurrection.

Le conflit qui vint ensuite fut plus grave : il éclata

à la suite des journées de juillet. Les désaccords percèrent dans la presse.

L'étape suivante dans le développement de la lutte intérieure fut marquée par la question du « pré-parlement ».

Cette fois-là, dans la fraction du parti s'affrontèrent ouvertement deux groupes. A-t-on fait alors un procès-verbal de la séance? L'a-t-on conservé? Je n'en sais rien. Mais les débats présentèrent indubitablement un extraordinaire intérêt. Les deux tendances, celle qui voulait la prise du pouvoir et celle qui préconisait un rôle d'opposition dans l'Assemblée Constituante, se définirent alors avec une suffisante plénitude. Ceux qui voulaient le boycottage du « pré-parlement » restèrent en minorité, mais leur nombre n'était pas fort éloigné de celui de la majorité.

Aux débats qui se produisaient dans la fraction et à la décision qui fut prise, Lénine, du fond de son asile, répliqua bientôt par une lettre au Comité Central.

Cette lettre, où Lénine, en termes plus qu'énergiques se solidarisait avec les boycotteurs de « la Douma de Boulyguine », c'est-à-dire de Kérensky-Tsérételli, cette lettre je ne la trouve pas dans la deuxième partie du tome XIV des *Œuvres*.

Ce document extrêmement précieux s'est-il conservé?

Les dissentiments atteignirent leur apogée à la veille même d'Octobre, quand il fut question d'adopter définitivement la ligne qui menait au soulèvement et de fixer la date de l'insurrection.

Et enfin, après le coup d'Etat du 25 octobre, les différends s'aggravèrent encore sur la question de la coalition avec les autres partis socialistes.

Il serait au suprême degré intéressant de reconstituer dans tous ses détails concrets le rôle de Lénine à la veille du 20 avril, du 10 juin et des journées de juillet.

— En juillet, nous avons fait des bêtises, disait plus

tard Lénine; il le disait dans des conversations particulières et je me rappelle qu'il le répéta dans une conférence tenue avec la délégation allemande à propos des événements de mars 1921, en Allemagne.

En quoi consistaient donc ces « bêtises »?

Dans une expérimentation énergique ou trop énergique, dans une opération de reconnaissance activement ou trop activement poussée.

Il était nécessaire d'effectuer de temps à autre de ces reconnaissances, sans quoi l'on aurait pu perdre le contact avec les masses. Mais on sait, d'autre part, qu'une reconnaissance active se transforme quelquefois de gré ou de force en une bataille générale.

C'est justement ce qui faillit se produire en juillet. Fort heureusement, on sonna la retraite en temps voulu. Et l'ennemi, en ces jours-là, n'eut pas l'audace de pousser ses avantages jusqu'au bout. Et ce n'est pas par hasard que l'audace lui manqua : le régime de Kérensky était, dans son essence même, celui des tergiversations; et la poltronnerie du « kérenskysme » paralysait d'autant plus l'aventure de Kornilov qu'elle en ressentait plus d'effroi.

II

Le Coup d'Etat

L'ouverture du deuxième Congrès des Soviets fut fixée, sur nos instances, pour la fin de la « Conférence démocratique », c'est-à-dire au 25 octobre.

En raison de l'état d'esprit qui se manifestait, en raison de l'exaltation d'heure en heure croissante, non seulement dans les quartiers ouvriers mais aussi dans les casernes, il nous semblait plus conforme à nos desseins de concentrer l'attention de la garnison de Pétrograd précisément sur cette date, choisie comme le jour où le Congrès des Soviets devrait décider de la question du pouvoir, tandis que les ouvriers et les troupes devraient soutenir le Congrès, après s'y être préparés comme il fallait.

Notre stratégie, au fond, était celle de l'offensive : nous marchions à l'assaut du pouvoir, mais le thème de notre agitation était que, nos ennemis se préparant à disperser le Congrès des Soviets, il fallait leur donner une implacable riposte.

Tout ce plan se fondait sur la puissance de l'afflux révolutionnaire qui tendait, en tous lieux, à gagner le même niveau et ne donnait à l'adversaire aucun répit. Les régiments les plus arriérés garderaient, dans le pire des cas pour nous, la neutralité.

Dans ces conditions, le moindre geste du gouvernement dirigé contre le Soviet de Pétrograd, devait nous assurer, du coup, une prépondérance décisive.

Lénine craignait cependant que l'adversaire n'eût le temps d'amener des troupes contre-révolutionnaires, sans doute peu nombreuses, mais résolues, et d'engager l'action en profitant des avantages de la surprise contre nous. En surprenant le parti et les Soviets, en arrêtant ceux qui formaient la tête du mouvement à Pétrograd, l'adversaire pouvait décapiter la révolution et ensuite, graduellement, l'affaiblir.

— Il ne faut plus attendre, il est impossible de différer! répétait Lénine.

C'est dans ces conditions qu'eut lieu, à la fin de septembre ou au début d'octobre, la fameuse séance de nuit du Comité Central, dans le logement des Soukhanov.

Lénine y vint, bien décidé à obtenir cette fois une résolution qui ne laisserait plus de place aux doutes, aux hésitations, aux accrocs, à la passivité, à la temporisation.

Cependant, avant de tomber sur les adversaires de l'insurrection armée, il exerça d'abord une pression sur ceux qui mettaient le soulèvement en fonction du deuxième Congrès des Soviets.

Quelqu'un lui rapporta ce que j'avais dit : « Nous avons fixé le soulèvement pour le 25 octobre ».

J'avais effectivement répété plusieurs fois cette phrase, m'en servant contre ceux des camarades qui indiquaient la voie de la révolution dans le sens d'un « pré-parlement » et d'une « imposante » opposition bolchéviste dans l'Assemblée Constituante.

« Si le Congrès des Soviets, qui est bolchéviste en sa majorité, disais-je, ne prend pas le pouvoir, le bolchévisme n'aura qu'à payer les frais. Alors, selon toute vraisemblance, l'Assemblée Constituante ne sera pas convoquée. En convoquant, après tout ce qui s'est passé, le Congrès des Soviets, où notre majorité est acquise d'avance, pour le 25 octobre, nous nous engageons par là-même publiquement à prendre le pouvoir le 25 octobre au plus tard ».

Vladimir Iliitch s'éleva violemment contre cette date. La question du deuxième Congrès des Soviets, disait-il, ne l'intéressait pas du tout : quelle importance cela pouvait-il avoir? Le Congrès pourrait-il même avoir lieu? Et que pourrait-il faire, en supposant qu'il se réunît? Il fallait arracher le pouvoir et non pas s'embarrasser du Congrès des Soviets; il était ridicule, il était absurde d'avertir l'ennemi du jour de notre soulèvement. Dans le meilleur cas, la date du 25 octobre pouvait nous servir à masquer nos intentions, mais il était indispensable de déclancher l'insurrection auparavant et indépendamment du Congrès des Soviets. Le parti devait s'emparer du pouvoir par les armes, et ensuite l'on verrait à causer avec le Congrès des Soviets. Il fallait passer à l'action immédiatement!

Comme dans les journées de juillet, où Lénine s'attendait fermement à « les » voir nous fusiller, il imaginait encore à présent tous les détails de la situation de l'ennemi et en concluait que, du point de vue de la bourgeoisie, le mieux serait de nous surprendre par les armes, de désorganiser la révolution et, ensuite, de la défaire en détail. Comme en juillet, Lénine surestimait la perspicacité et la résolution de l'ennemi, et peut-être même ses possibilités matérielles. Dans une notable mesure, il exagérait sciemment, dans un but de tactique absolument juste : en surestimant l'ennemi, il se proposait d'inciter le parti à redoubler d'énergie dans l'attaque.

Pourtant, le parti ne pouvait de ses propres mains s'emparer du pouvoir, indépendamment du Soviet et derrière son dos. C'eût été une faute, dont les conséquences se seraient manifestées même dans la conduite des ouvriers et auraient pu devenir extrêmement regrettables du côté de la garnison. Les soldats connaissaient le Soviet des Députés, ils connaissaient leur section. Ils ne connaissaient le parti qu'à travers le Soviet. Et si l'insurrection s'était accomplie derrière le dos du Soviet, sans liaison avec lui, sans être couverte de son autorité, sans s'affirmer, clairement et nettement, aux yeux de tous, comme l'issue de la lutte pour le pouvoir des Soviets, — cela aurait pu causer un dangereux trouble dans la garnison. Il ne faut pas oublier non plus qu'à Pétrograd, à côté du Soviet local, existait encore l'ancien Comité Exécutif Central Panrusse, à la tête duquel se trouvaient des socialistes-révolutionnaires et des menchéviks. A ce Comité on ne pouvait opposer que le Congrès des Soviets.

A la fin des fins, trois groupes se dessinèrent dans le Comité Central : les adversaires de la prise du pouvoir, que la logique de la situation força de renoncer au mot d'ordre « tout le pouvoir aux Soviets »; Lénine, qui exigeait l'organisation immédiate de l'insurrection, indépendamment des Soviets; et le dernier groupe, le reste, qui estimait nécessaire de lier étroitement l'insurrection avec le deuxième Congrès des Soviets et, par conséquent, de faire coïncider l'une avec l'autre.

« En tout cas, insistait Lénine, la prise du pouvoir doit précéder le Congrès des Soviets; autrement, on vous brisera et vous ne réussirez à convoquer aucun Congrès. »

Enfin, on proposa une résolution selon laquelle l'insurrection devait avoir lieu le 15 octobre, au plus tard. Au sujet de la date, il n'y eut presque pas de débats, je me le rappelle. Tous comprenaient que le jour fixé n'avait qu'une valeur approximative, servant à nous orienter et que, suivant les événements, on pourrait le rapprocher ou l'éloigner quelque peu. Mais il ne pouvait être question que de jours, pas plus. La nécessité même d'une date aussi rapprochée que possible était absolument évidente.

Les principaux débats dans les séances du Comité Central eurent, bien entendu, pour objet de lutter contre ceux des membres du Comité qui étaient opposés à l'insurrection armée en général. Je ne me charge pas de reproduire les trois ou quatre discours que prononça Lénine pendant cette dernière séance sur les points suivants : Fallait-il prendre le pouvoir? Etait-il temps de le prendre? Pourrions-nous le conserver si nous le prenions?

Sur les mêmes sujets, Lénine, à cette époque et plus tard, écrivit plusieurs articles et plusieurs brochures. Le développement des idées dans ses discours à la séance fut, bien entendu, le même. Mais ce qui est intraduisible, ce que l'on ne peut reproduire, c'est l'esprit de ces improvisations véhémentement passionnées, toutes pénétrées du zèle de transmettre aux opposants, aux hésitants, aux irrésolus, sa pensée, sa volonté, son assurance, son courage. Car, enfin, ce qui se décidait alors, c'était le sort même de la révolution!...

La séance se termina tard dans la nuit. Chacun se sentait à peu près dans l'état d'un homme qui vient de subir une opération chirurgicale. Une partie de ceux qui avaient assisté à cette réunion, et moi dans ce nombre, passâmes le reste de la nuit dans le logement des Soukhanov.

La marche ultérieure des événements, on le sait, nous fut d'un grand secours. La tentative qui avait été faite pour licencier la garnison de Pétrograd amena la création du Comité de Guerre révolutionnaire. Nous eûmes ainsi la possibilité de légitimer la préparation de l'insurrection par l'autorité du Soviet et de lier notre cause à une question qui touchait dans son existence même toute la garnison de Pétrograd.

Dans l'intervalle de temps qui se place entre la séance du Comité Central ci-dessus décrite et le 25 octobre, je ne me rappelle avoir eu qu'une seule entrevue avec Vladimir Iliitch; encore ce souvenir est-il confus. Quand cela eut-il lieu? Sans doute entre le 15 et le 20 octobre. Je me rappelle que j'étais fort curieux de savoir ce que pensait Lénine du caractère « défensif » d'un discours que j'avais prononcé dans une séance du Soviet de Pétrograd : j'avais déclaré que les bruits qui couraient sur une insurrection armée, préparée par nous pour le 22 octobre (« Journées du Soviet de Pétrograd ») étaient faux et j'avais averti qu'à toute attaque nous répondrions par une contre-attaque résolue et mènerions les choses jusqu'au bout. Je me rappelle que l'état d'âme de Vladimir Iliitch, au cours de cette entrevue, était plus calme et plus assuré, je dirais même moins soupçonneux. Non seulement il ne trouva rien à redire au ton apparemment défensif de mon discours, mais il le trouva tout à fait approprié pour endormir la vigilance de l'ennemi. Néanmoins, il hochait la tête de temps en temps et demandait :

— Mais ne sauront-ils pas nous prévenir? Ne vont-ils pas tomber sur nous à l'improviste?

Je démontrai que tout marcherait à peu près automatiquement.

Durant cette conversation, ou du moins pendant une certaine partie de l'entretien, le camarade Staline était, ce me semble, présent. Il se peut, d'ailleurs, que je confonde ici deux entrevues. En général, je dois dire que, pour les derniers jours qui précédèrent le coup d'Etat, mes souvenirs sont comme comprimés dans ma mémoire et qu'il est très difficile d'en détacher quelque chose, de les déplier et de les remettre en place.

Je devais revoir Lénine le 25 octobre, au jour même du grand événement, à Smolny. A quelle heure ? Je n'en ai aucune idée; vers le soir probablement. Vladimir Iliitch, je m'en souviens fort bien, commença par une question anxieuse sur les pourparlers que nous menions avec l'état-major du corps d'armée de Pétrograd, au sujet du sort de la garnison. Selon les journaux, les pourparlers approchaient d'une conclusion favorable.

— Vous marchez vers un compromis? demanda Lénine, et ses regards nous fouillaient jusqu'à l'âme.

Je répondis que nous avions lancé exprès cette rassurante nouvelle dans les journaux, que ce n'était qu'une ruse de guerre au moment où s'engageait la bataille générale.

— Ah! ça, c'est *bien-en!* s'écria Lénine d'une voix chantante et gaie, et, retrouvant tout son entrain, il se mit à arpenter la chambre en se frottant les mains.

— Ça, c'est *bien-en!*

En général, Iliitch aimait les stratagèmes. Duper l'ennemi, le traiter en gobe-mouches, n'est-ce pas ce que l'on peut s'imaginer de plus délectable?

Mais, dans le cas présent, la ruse avait une importance toute particulière : elle signifiait que déjà nous étions entrés en plein cœur de l'action décisive. Je dis de quelle façon les opérations militaires se trouvaient déjà avancées : nous tenions pour l'instant en ville un bon nombre de points importants.

Vladimir Iliitch aperçut (ou je lui montrai peut-être) une affiche fraîchement imprimée de la veille, menaçant quiconque tenterait de commettre un pillage pendant le coup d'Etat d'une exécution sommaire.

Au premier instant, Lénine resta comme interloqué, il me sembla même qu'un doute le prenait. Mais il dit ensuite :

— Bon, c'est juste!

Il se jetait avidement sur tous ces petits détails de la grande affaire. Pour lui, c'étaient d'indiscutables preuves que cette fois l'on avançait, que le Rubicon était passé, qu'il n'y avait plus de retour possible en arrière.

Je me rappelle l'énorme impression que produisit sur Lénine ce fait que j'avais appelé, par un ordre écrit, une compagnie du régiment Pavlovsky pour assurer la publication de notre journal du Parti et des Soviets.

— Et alors, la compagnie est sortie?

— Parfaitement.

— Les journaux sont à la composition?

— Oui, ça marche.

Lénine en était transporté, ce qui se manifestait par des exclamations, des rires : il se frottait les mains. Ensuite, il se renferma en lui-même, réfléchit et dit :

— Allons, on peut aussi faire les choses de cette manière... pourvu que nous prenions le pouvoir!...

Je compris qu'à ce moment seulement, il admettait définitivement l'idée de renoncer à la prise du pouvoir par une conjuration.

Jusqu'à la dernière heure, il craignait que l'ennemi ne se mît en travers de notre mouvement et ne nous surprît à l'improviste.

Ce n'est que ce soir-là, le 25 octobre, qu'il se calma et sanctionna définitivement la voie dans laquelle s'étaient engagés les événements. Je dis « se calma », mais c'était pour recommencer aussitôt à s'inquiéter au sujet de toute une série de questions, grandes et menues, concrètes et méticuleuses, liées à la marche du soulèvement :

— Ecoutez, si vous faisiez cela? Ne serait-il pas bon d'entreprendre ceci? Et si l'on faisait appel à ceux-là?...

Ces interminables questions et propositions n'avaient extérieurement aucun lien entre elles, mais toutes surgissaient du même travail intérieur intensif qui embrassait toute l'étendue du soulèvement.

Il faut savoir ménager son souffle dans les événements d'une révolution. Quand le flot monte irrésistible, quand les forces de l'insurrection s'accroissent automatiquement, tandis que celles de la réaction, fatalement, se fractionnent et se dispersent, la tentation est grande de se livrer à l'élément, de se laisser emporter par le courant. Un brusque succès désarme aussi bien qu'une défaite.

Ne pas perdre le fil des événements; après chaque nouveau succès se dire : rien n'est encore atteint, rien n'est garanti; cinq minutes avant la victoire décisive, mener les opérations avec autant de vigilance, d'énergie, d'intensité que cinq minutes avant l'ouverture des hostilités; cinq minutes après la victoire, avant même que retentissent les premières acclamations, se dire : la conquête n'est pas encore assurée, il ne faut pas perdre un instant; telle est la marche, telle est la façon d'agir, telle est la méthode de Lénine, telle est l'essence organique de son caractère politique, de son esprit révolutionnaire.

***

J'ai déjà raconté ailleurs comment Dan, se rendant sans doute à la séance de la fraction menchéviste du deuxième Congrès des Soviets, reconnut Lénine déguisé, parmi nous qui étions assis devant une petite table dans une chambre de passage. Ce sujet a même été représenté dans un tableau qui, au surplus, à en juger par les photographies que j'en ai vues, ne ressemble pas du tout à ce qui fut en réalité. Tel est du reste le sort de la peinture historique, et non pas seulement de cet art. Je ne me rappelle pas à quelle occasion, mais beaucoup plus tard, je dis à Vladimir Iliitch :

— Il faudrait rédiger une note sur cette rencontre; sans quoi on en dira plus tard des blagues!

Il fit un geste de désespoir comique :

— Qu'importe! Des blagues, on en dira tant et plus...

Le deuxième Congrès des Soviets tenait sa première séance à l'Institut Smolny. Lénine n'y parut point. Il restait à l'écart dans une des chambres de l'Institut où il n'y avait, si je m'en souviens bien, pas du tout ou presque pas de meubles. Quelqu'un vint ensuite étendre sur le plancher des couvertures et y jeta deux oreillers. Nous nous y reposâmes, Vladimir Iliitch et moi, couchés l'un à côté de l'autre. Mais après quelques minutes, on m'appela :

— Dan a pris la parole, il faut lui donner la réplique.

Après avoir répondu à Dan, je revins et me recouchai à côté de Vladimir Iliitch qui, bien entendu, ne songeait nullement à dormir. Il ne pouvait en être question! Toutes les cinq ou dix minutes, quelqu'un accourait de la salle des séances pour nous faire connaître ce qui s'y passait. En outre, des estafettes venaient de la ville où, sous la direction d'Antonov-Ovséenko, se poursuivait le siège du Palais d'Hiver qui se termina par une prise d'assaut.

Ce qui se passa ensuite, ce fut sans doute le lendemain matin qu'une nuit d'insomnie séparait à peine du jour précédent. Vladimir Iliitch avait l'air fatigué. Souriant, il dit :

— Le passage est trop brusque de la vie clandestine et du régime de Pérévertzev au pouvoir... *Es schwiendelt* (la tête me tourne), ajouta-t-il, je ne sais pourquoi, en allemand, et il fit de la main un geste giratoire autour de sa tête.

Après cette remarque, la seule plus ou moins personnelle que j'aie entendue de lui à l'occasion de la conquête du pouvoir, on passa simplement à l'expédition des affaires du jour.

III

Brest-Litovsk

Nous avions abordé les pourparlers de paix avec l'espoir d'ébranler les masses ouvrières d'Allemagne et d'Autriche-Hongrie aussi bien que celles des pays de l'Entente. Pour atteindre ce but, il fallait faire durer les pourparlers le plus possible, afin de donner aux ouvriers européens le temps de comprendre convenablement le fait même de la révolution soviétiste et, en particulier, sa politique de paix.

Après la première suspension des pourparlers, Lénine me proposa de me rendre à Brest-Litovsk. La perspective de traiter avec le baron Kühlmann et le général Hoffmann n'avait en elle-même rien de séduisant; mais, « pour faire traîner les pourparlers, il fallait un traîneur », comme le disait Lénine. Nous eûmes, à l'Institut Smolny, un bref échange de vues au sujet de la ligne générale des pourparlers. La question de signer ou de ne pas signer fut, pour l'instant, laissée de côté : on ne pouvait savoir quelle serait la marche des conférences, quel effet elles produiraient en Europe, quelle nouvelle situation allait en résulter. Et nous ne renoncions pas, bien entendu, à l'espoir d'un rapide développement révolutionnaire.

Nous ne pouvions pas continuer la guerre, c'était

pour moi absolument évident. Quand je passai la ligne des tranchées, pour la première fois, sur le chemin de Brest-Litovsk, nos camarades, malgré tous les avertissements et les exhortations qui leur avaient été adressés, ne réussirent pas à organiser une manifestation plus ou moins significative pour protester contre les exigences excessives de l'Allemagne : les tranchées étaient presque vides, personne n'osa dire un mot, même sous une forme conditionnelle, au sujet d'une prolongation de la guerre. La paix, la paix coûte que coûte!...

Plus tard, lorsque je revins à Brest-Litovsk, je tâchai de déterminer le représentant du groupe militaire au Comité Exécutif Panrusse à soutenir notre délégation par un discours « patriotique ».

— Impossible, répondit-il, absolument impossible; nous ne pourrions plus revenir dans les tranchées; on ne nous comprendrait pas; nous perdrions toute influence...

Ainsi, sur l'impossibilité d'une guerre révolutionnaire, il n'y eut pas l'ombre d'un désaccord entre Vladimir Ilitch et moi.

Mais une autre question se posait : les Allemands pourraient-ils continuer la guerre, pourraient-ils mener une offensive contre la révolution qui déclarait mettre fin aux hostilités? Comment pouvions-nous connaître, tâter l'opinion de la masse des soldats allemands? Quelle impression la révolution de février et celle d'octobre avaient-elles produite sur cette masse? La grève de janvier, en Allemagne, semblait indiquer un certain ébranlement. Quelle en était la profondeur? Ne fallait-il pas essayer de soumettre la classe ouvrière et l'armée allemandes à une épreuve : d'une part, la révolution ouvrière déclarant la guerre terminée; d'autre part, le gouvernement des Hohenzollern donnant l'ordre d'engager une offensive contre cette révolution?

— Certainement, c'est très séduisant, répliquait Lénine, et sans aucun doute il resterait quelque chose d'une pareille épreuve. Mais c'est risqué, très risqué. Et si le militarisme allemand, ce qui est très probable, se trouve assez fort pour déclancher l'attaque contre nous, qu'arrivera-t-il? Impossible de risquer : actuellement il n'y a rien au monde de plus important que notre révolution.

La dissolution de l'Assemblée Constituante, au début, gâta beaucoup notre situation internationale. Cependant, les Allemands avaient pu craindre d'abord qu'une entente entre nous et « les patriotes » de l'Assemblée Constituante n'amenât une tentative de continuation de la guerre. Une pareille aberration aurait définitivement perdu la révolution et le pays; mais on ne s'en serait aperçu que plus tard et, en attendant, les Allemands auraient dû fournir un nouvel effort. Or, la dissolution de l'Assemblée Constituante montrait aux Allemands que nous étions vraiment disposés à terminer la guerre à quelque prix que ce fût. Le ton de Kühlmann devint aussitôt plus insolent.

Et quelle impression cette même dissolution de l'Assemblée Constituante pouvait-elle produire sur le prolétariat des Alliés? A cela il n'était pas difficile de répondre : la presse de l'Entente présentait le régime soviétiste comme une simple agence des Hohenzollern. Et voici que les bolchéviks dispersaient l'Assemblée Constituante « démocratique » pour conclure avec le Hohenzollern une paix humiliante, asservissante, alors que la Belgique et le nord de la France étaient occupés par les armées allemandes. Il était clair que la bourgeoisie de l'Entente réussirait à répandre dans les masses ouvrières la plus grande perplexité. Et cela pouvait faciliter, d'autre part, une intervention militaire contre nous. On savait que, même en Allemagne, parmi l'opposition social-démocrate, circulaient avec insistance des légendes disant que les bolchéviks avaient été achetés par le gouvernement allemand et que ce qui se passait à Brest-Litovsk était tout simplement une comédie, dont les rôles avaient été distribués d'avance.

Cette version devait paraître encore plus acceptable en France et en Angleterre. J'estimais donc qu'avant de signer la paix, il était de toute nécessité de donner aux ouvriers de l'Europe une preuve éclatante de la haine mortelle qui nous séparait des dirigeants de l'Allemagne. C'est précisément sous l'influence de ces motifs que j'arrivai, étant à Brest-Litovsk, à l'idée d'une démonstration « instructive » qui se traduisait par la formule: nous terminons la guerre, mais nous ne signons pas la paix. Je pris conseil des autres membres de la délégation, lesquels me donnèrent leur assentiment et j'en écrivis à Vladimir Iliitch.

Il répondit : « Quand vous reviendrez, nous en parlerons ». Peut-être même, dans cette réponse, entendait-il exprimer qu'il n'était pas d'accord avec ma proposition. Actuellement, je ne m'en souviens pas, je n'ai pas la lettre sous la main, et je ne suis pas sûr qu'elle ait été conservée. Lorsque je revins à Smolny, nous eûmes, Vladimir Iliitch et moi, de longs entretiens.

— Tout cela est fort séduisant, et même, on ne pourrait souhaiter rien de mieux si le général Hoffmann était incapable de faire avancer ses troupes contre nous. Mais il y a peu d'espoir qu'il en soit ainsi. Le général trouvera pour son offensive des régiments spécialement composés de paysans riches bavarois, et en faut-il tant que cela pour nous battre? Vous dites vous-même que les tranchées sont vides. Et si les Allemande recommencent tout de même la guerre?

— Alors, nous serons forcés de signer la paix, mais il sera clair pour tout le monde que nous n'avions pas d'autre issue. Cela suffira pour ruiner la légende qui montre une soi-disant liaison de coulisses entre nous et le Hohenzollern.

— Certes, il y a là des avantages. Mais c'est pourtant trop risqué. Actuellement, il n'y a rien au monde de plus important que notre révolution; il faut la mettre hors de danger coûte que coûte.

Aux difficultés principales de la question s'ajoutèrent d'extrêmes complications à l'intérieur du parti. Dans les milieux du parti, ou du moins parmi les éléments dirigeants, l'opinion dominante, intransigeante, était qu'il fallait rejeter les conditions de Brest et refuser la signature de la paix. Les comptes rendus que publiaient nos journaux sur les pourparlers entretenaient et aggravaient cet état d'esprit qui trouva son expression la plus vive dans le groupe du communisme de gauche, celui-ci lançant le mot d'ordre de la guerre révolutionnaire. Cette circonstance, bien entendu, inquiétait fort Lénine.

— Si le Comité Central décide de souscrire aux conditions allemandes uniquement sous l'influence d'un ultimatum verbal, lui disais-je, nous risquons de provoquer une scission dans le parti. Il est indispensable de dévoiler le véritable état des choses à notre parti non moins qu'aux ouvriers d'Europe... Si nous rompons avec ceux de gauche, le parti donnera de la bande sur la droite : car enfin, il est hors de doute que tous les camarades qui avaient pris nettement position contre le coup d'Etat d'Octobre et se prononçaient pour le bloc des partis socialistes se sont trouvés partisans sans réserves de la paix de Brest-Litovsk. Or, notre tâche ne consiste pas seulement à conclure la paix; parmi les communistes de gauche, il y en a beaucoup qui ont joué un rôle de militants des plus actifs dans la période d'Octobre, etc..., etc...

— Tout cela est indiscutable, répondait Vladimir Iliitch. Mais ce qui se décide en ce moment, c'est le sort de la révolution. Nous rétablirons l'équilibre dans le parti. Mais, avant tout, il faut sauver la révolution, et on ne peut la sauver qu'en signant la paix. Mieux vaut une scission que le danger de voir la révolution écrasée par la force militaire. Les lubies de la gauche passeront, et ensuite, — si même ils vont jusqu'à provoquer une scission, ce qui n'est pas absolument inévitable, — ils reviendront au parti. Mais si les Allemands nous écrasent, personne ne nous ramènera... Enfin, mettons que votre plan soit accepté. Nous avons refusé de signer la paix. Et alors, les Allemands prennent l'offensive. Que faites-vous dans ce cas?

— Nous signons la paix sous la contrainte des baïonnettes. Alors, le tableau se dessine clairement pour la classe ouvrière du monde eutier.

— Et vous ne soutiendrez pas alors le mot d'ordre de la guerre révolutionnaire?

— Jamais.

— Si l'affaire se présente ainsi, l'expérience peut en être beaucoup moins périlleuse déjà. Nous risquons de perdre l'Esthonie ou la Lettonie. Des camarades esthoniens sont venus me voir et ils m'ont raconté comment ils avaient assez heureusement entrepris la construction socialiste dans les colonies agricoles. Il sera très regrettable de sacrifier l'Esthonie socialiste — ajoutait Lénine d'un ton ironique — mais il le faudra, il faudra, je pense, pour la bonne cause de la paix, en venir à ce compromis.

— Mais en supposant que la paix soit signée immédiatement, est-ce que cela supprime la possibilité d'une intervention militaire des Allemands en Esthonie ou en Lettonie?

— Admettons : mais c'est une simple possibilité, tandis que dans l'autre cas c'est une presque certitude. Moi, en tout cas, je me prononcerai pour la signature immédiate : c'est plus sûr.

La principale crainte de Lénine, devant mon plan, était en ceci que, dans le cas où les Allemands reprendraient l'offensive, nous ne réussirions pas à signer la paix assez vite, c'est-à-dire que le militarisme allemand ne nous en laisserait pas le temps : « Cette *Beste* saute vivement », répéta plus d'une fois Vladimir Ilitch.

Dans les conférences où l'on délibéra sur la question de la paix, Lénine se prononça très résolument contre la gauche et avec beaucoup de circonspection et de calme contre ma proposition. Il l'accepta cependant à contre-cœur, dans la mesure où le parti était évidemment opposé à la signature, dans la mesure où une résolution transitoire devait servir pour le parti de pont qui l'amènerait à signer le traité.

La conférence des bolchéviks les plus en vue — c'est-à-dire des délégués au IIIe Congrès des Soviets — montra sans laisser aucun doute que notre parti, qui sortait à peine du feu d'Octobre, avait besoin de vérifier par l'action la situation internationale. S'il n'y avait pas eu de formule transitoire, la majorité se serait prononcée pour la guerre révolutionnaire.

Il n'est peut-être pas sans intérêt de noter que les socialistes-révolutionnaires de gauche ne se prononcèrent pas du tout du premier coup contre la paix de Brest-Litovsk. Du moins Spiridonova était-elle, dans les premiers temps, résolument décidée pour la signature :

— Le moujik ne veut plus de guerre — disait-elle — et il acceptera n'importe quelle paix.

— Signez immédiatement la paix — me disait-elle à mon premier retour de Brest — et abolissez le monopole des blés.

Ensuite les socialistes-révolutionnaires de gauche se déclarèrent en faveur de la formule transitoire : Cesser la guerre sans signer la paix; mais ils la considéraient comme une étape vers la guerre révolutionnaire « en cas de besoin ».

On sait que la délégation allemande répondit à notre déclaration dans un tel sens que l'on pouvait croire que l'Allemagne n'avait pas l'intention de reprendre les hostilités. Nous en étions à cette déduction quand nous revînmes à Moscou.

— Mais ne nous tromperont-ils pas? demandait Lénine.

D'un geste, nous donnions à comprendre que cela ne nous paraissait pas probable.

— Alors, ça va, dit Lénine. S'il en est ainsi, tant mieux : les apparences sont sauvées et nous voilà sortis de la guerre (1).

Cependant, deux jours avant la date qui nous était fixée comme dernier délai, nous reçûmes du général Samoïlo qui était resté à Brest, un avis télégraphique disant que les Allemands, d'après la déclaration du général Hoffmann, se considéraient à partir du 18 février, midi, comme en état de guerre avec nous, et que par conséquent ils l'avaient invité, lui, Samoïlo, à quitter Brest-Litovsk. Ce télégramme fut directement remis à Vladimir Ilitch. Je me trouvais alors dans son cabinet. Nous étions en conversation avec Karéline et aussi avec je ne sais plus quel camarade des socialistes-révolutionnaires de gauche.

Après avoir pris connaissance du télégramme, Lénine me le passa sans dire un mot. Je me souviens de son regard qui me fit aussitôt sentir que le télégramme apportait une grande et mauvaise nouvelle. Lénine se hâta de terminer la conversation avec les socialistes-révolutionnaires pour examiner la nouvelle situation.

— Ainsi, ils nous ont pourtant trompés. Ils ont gagné cinq jours... Cette *Beste* ne laisse rien perdre. Maintenant, donc, il ne reste plus qu'à signer d'après les anciennes conditions, si seulement les Allemands consentent à les maintenir.

---

(1) Les dialogues reproduits dans ce chapitre ne sont, bien entendu, qu'approximatifs; mais je me rappelle mot à mot la phrase sur « les apparences ».

Je répliquai en ce sens qu'il fallait donner à Hoffmann le temps d'engager effectivement son offensive.

— Mais alors, cela signifie que nous rendrons Dvinsk, que nous perdrons beaucoup d'artillerie, etc.?

— Certainement, ce sont de nouveaux sacrifices à faire. Mais il faut que le soldat allemand entre effectivement, en combattant, sur le territoire soviétiste. Il faut que la nouvelle soit connue de l'ouvrier allemand d'une part, des ouvriers anglais et français de l'autre.

— Non, répliqua Lénine. Il ne s'agit pas, bien entendu, de Dvinsk; mais, en ce moment, il n'y a plus une heure à perdre. L'épreuve est faite. Hoffmann veut et peut faire la guerre. Impossible de différer : ils nous ont déjà pris cinq jours dont je comptais faire usage. Et cette *Beste* saute vivement.

Le Comité Central prit une décision, comportant l'envoi du télégramme où il était dit que nous consentions immédiatement à signer le traité de Brest-Litovsk. Le télégramme fut expédié.

— Il me semble, dis-je à Vladimir Iliitch dans un entretien privé, qu'au point de vue politique il serait conforme à la situation que je donne ma démission de commissaire du peuple aux affaires étrangères?

— Pourquoi cela? Ce sont des procédés parlementaires que nous n'avons pas à introduire chez nous.

— Mais ma démission marquera pour les Allemands un changement radical de notre politique et augmentera la confiance qu'ils doivent avoir en notre réelle intention de signer cette fois la paix et d'en observer les conditions.

— C'est possible, dit Lénine, d'un ton méditatif. C'est là un sérieux motif politique.

Je ne me rappelle pas à quel moment on reçut la nouvelle d'une descente de l'armée allemande en Finlande et des opérations entreprises pour écraser les ouvriers finnois. Je me souviens que je heurtai Lénine dans le corridor, non loin de son cabinet. Il était extrêmement ému. Je ne l'avais jamais vu et ne l'ai jamais trouvé depuis dans un pareil état.

— Oui, dit-il, nous serons probablement forcés de batailler, bien que nous n'en ayons pas les moyens. Cette fois, je crois qu'il n'y a pas d'autre issue...

Tel fut le premier mouvement de Lénine, après lecture du télégramme qui annonçait l'écrasement de la révolution en Finlande. Mais dix minutes ou un quart d'heure plus tard, lorsque j'entrai dans son cabinet, il me dit :

— Non, impossible de changer notre politique. Notre action ne sauverait pas la Finlande révolutionnaire et nous perdrait sûrement. Nous donnerons tout le secours possible aux ouvriers finlandais, mais sans quitter le terrain de la paix. Je ne sais si cela nous sauvera maintenant. Mais, en tout cas, c'est le seul chemin où le salut soit encore possible.

Et le salut se trouva en effet sur ce chemin.

La décision de ne pas signer la paix n'était pas motivée, comme on l'écrit parfois maintenant, par cette raison abstraite qu'il serait impraticable de conclure une convention avec les impérialistes. Il suffit de consulter la brochure du camarade Ovsiannikov : on y verra les votes que Lénine réclama sur cette question; ils sont des plus instructifs; on constatera que les partisans de la formule d'essai par tâtonnements, « ni guerre, ni paix », répondirent affirmativement quand on leur demanda si nous avions le droit, en tant que parti révolutionnaire, de signer dans certaines conditions une paix « infâme ». En réalité, nous disions : s'il y a seulement vingt-cinq chances contre cent que le Hohenzollern ne se décide pas à nous faire la guerre, ou ne le puisse pas, il faut risquer l'expérience.

Trois années plus tard, nous courions un autre risque — cette fois sur l'initiative de Lénine — nous tâtions de la pointe de la baïonnette les bourgeois et les hobereaux de Pologne. Nous fûmes repoussés. En quoi donc y avait-il là une différence avec ce que nous avions fait à Brest-Litovsk? Dans le principe, aucune différence; mais il y en avait une dans le degré du risque.

Il me souvient que le camarade Radek écrivit un jour que la puissance de la pensée tactique de Lénine apparaissait le plus brillamment dans la poussée accomplie après la signature de Brest, jusqu'à la marche sur Varsovie. Nous savons tous maintenant que cette marche sur Varsovie fut une erreur qui nous coûta extrêmement cher. Non seulement elle nous conduisit à la paix de Riga qui devait nous séparer de l'Allemagne, mais elle eut pour conséquence, entre autres résultats d'alors, de donner une vigoureuse impulsion à l'affermissement de l'Europe bourgeoise. La signification contre-révolutionnaire du traité de Riga pour le sort de l'Europe peut être comprise plus clairement si l'on se rappelle seulement les circonstances de 1923 et si l'on imagine que nous ayons eu alors une frontière commune avec l'Allemagne. Trop de choses disent que le développement des événements en Allemagne aurait été, dans ce cas, tout à fait différent. De plus, il est indubitable que même en Pologne, le mouvement révolutionnaire aurait marché d'une façon beaucoup plus heureuse sans notre intervention militaire qui fut suivie d'une défaite.

Lénine lui-même, autant que je le sache, donnait une formidable importance à « l'erreur » de Varsovie. Et néanmoins Radek, dans l'appréciation qu'il donne de l'envergure tactique de Lénine, a tout à fait raison. Certes, après la tentative qui fut faite pour « éprouver » les masses laborieuses de Pologne, tentative qui ne donna pas les résultats espérés; après le recul qui nous fut infligé — et que l'on devait nécessairement nous infliger, car, étant donné le calme qui régnait alors en Pologne, notre marche sur Varsovie n'était qu'une incursion de partisans; après la défaite qui nous força à signer la paix de Riga — il n'est pas difficile de conclure que les adversaires de la campagne voyaient juste et qu'il aurait mieux valu s'arrêter à temps et conserver la frontière d'Allemagne. Mais tout cela n'est devenu clair que plus tard. Ce qui est significatif pour Lénine dans l'idée de la marche sur Varsovie, c'est le courage de sa conception. Le risque était grand, mais l'importance du but l'emportait sur la grandeur du risque. L'échec possible ne constituait pas un péril pour l'existence même de la République des Soviets; tout au plus cela entraînait-il son affaiblissement...

On peut laisser à la charge de l'historien futur d'apprécier s'il valait la peine de risquer une aggravation des conditions de la paix de Brest dans le seul but de faire une démonstration devant les ouvriers européens. Mais il est absolument évident que, cette démonstration ayant été faite, nous étions obligés de signer la paix qu'on nous imposait. Et ici, la netteté de la position de Lénine et sa puissante pression sauvèrent les choses.

— Et si les Allemands prennent pourtant l'offensive? Et s'ils marchent sur Moscou?

— Nous battrons en retraite vers l'est, vers l'Oural, en déclarant que nous sommes prêts à signer la paix. Le bassin de Kouznetz est riche en charbon. Nous créerons une république de l'Oural-Kouznetz, en nous appuyant sur l'industrie de la région, en utilisant le charbon de Kouznetz, en recourant au prolétariat de l'Oural et à ceux des ouvriers de Moscou et de Pétrograd que nous aurons pu emmener. Nous tiendrons. En cas de nécessité, nous nous retirerons encore plus loin à l'est, au delà de l'Oural. Nous reculerons jusqu'au Kamtchatka, mais nous tiendrons. Les circonstances internationales se modifieront encore des dizaines de fois et nous pourrons, partant des limites de la République de l'Oural-Kouznetz, reprendre de l'étendue et revenir à Moscou et à Pétrograd. Mais si nous nous engageons immédiatement sans raison dans une guerre révolutionnaire et si nous laissons égorger l'élite de la classe ouvrière et de notre parti, il est clair qu'alors nous ne reviendrons jamais.

Durant cette période, la république de l'Oural-Kouznetz occupa une grande place dans l'argumentation de Lénine. Parfois, il laissait véritablement interloqués les opposants en leur jetant cette question :

— Mais savez-vous que dans le bassin de Kouznetz, nous avons d'énormes gisements de charbon? En joignant cela au minerai de l'Oural et au blé de Sibérie, nous avons une base de réserve.

L'opposant qui ne se représentait pas toujours bien nettement où se trouvait Kouznetz et quel rapport il pouvait y avoir entre le charbon de cet endroit et, d'autre part, le bolchévisme conséquent et la guerre révolutionnaire, ouvrait de grands yeux ou bien éclatait de rire dans sa surprise, estimant qu'Iliitch plaisantait ou cherchait à ruser. En réalité, Lénine ne plaisantait pas du tout, mais, fidèle à lui-même, calculait les données de la situation jusqu'à leurs plus extrêmes conséquences, jusqu'à leurs pires résultats pratiques. Cette conception d'une république de l'Oural-Kouznetz lui était organiquement nécessaire pour s'affermir lui-même, et pour affermir les autres, dans cette conviction que rien n'était encore perdu, et qu'il n'y avait aucune raison de désespérer de notre stratégie.

On sait que nous ne fûmes pas réduits à la république de l'Oural-Kouznetz, et fort heureusement. Mais on peut affirmer que cette république qui n'a jamais existé a sauvé la République des Soviets.

En tout cas, pour comprendre et apprécier la tactique de Lénine à Brest-Litovsk, on est obligé de la rattacher à sa tactique d'Octobre. Etre l'adversaire d'Octobre et le partisan de Brest, ce serait exprimer, dans l'un et dans l'autre cas, des idées de capitulation. Le fond de l'affaire est en ceci que Lénine, à l'occasion de la capitulation de Brest-Litovsk, déploya la même inépuisable énergie révolutionnaire qui avait assuré au parti sa victoire d'Octobre. C'est précisément cette combinaison naturelle, organique, d'Octobre et de Brest, d'une gigantesque poussée avec une courageuse circonspection, de la vigueur avec la justesse de vue qui donne la mesure de la méthode et de la force de Lénine.

IV

La dissolution de la Constituante

Dans les premiers jours, sinon dans les premières heures qui suivirent le coup d'Etat, Lénine posa la question de l'Assemblée Constituante.

— Il faut l'ajourner, déclara-t-il, il faut proroger les élections. Il faut élargir le droit électoral, en donnant la faculté de voter aux jeunes gens de dix-huit ans. Il faut donner la possibilité de reviser les listes de candidats. Nos listes à nous-mêmes ne valent rien : on y trouve une quantité d'intellectuels d'occasion, et nous avons besoin d'ouvriers et de paysans. Les gens de Kornilov, les cadets doivent être mis hors la loi.

On lui répliquait :

— Il n'est pas commode de surseoir maintenant. Ce sera compris comme une liquidation de l'Assemblée Constituante, d'autant plus que nous avons nous-mêmes accusé le Gouvernement Provisoire d'atermoyer avec l'Assemblée.

— Bêtises! répliquait Lénine. Ce qui importe, ce sont les actes et non les paroles. Pour le Gouvernement Provisoire, l'Assemblée Constituante marquait ou pouvait marquer un pas en avant; pour le pouvoir soviétiste, surtout avec les listes actuelles, ce serait inévitablement un pas en arrière. Pourquoi trouvez-vous incommode d'ajourner? Et si l'Assemblée Constituante se compose de cadets, de menchéviks et de socialistes-révolutionnaires, est-ce que ce sera commode?

— Mais à ce moment-là, nous serons plus forts, lui répliquait-on; pour l'instant, nous sommes encore trop faibles. En province, on ne sait presque rien du pouvoir soviétiste. Et si l'on reçoit maintenant la nouvelle que nous avons ajourné l'Assemblée Constituante, cela nous affaiblira encore davantage.

Sverdlov se prononçait contre l'ajournement avec une particulière énergie, car il était plus lié que nous avec la province.

Lénine se trouva seul sur sa position. Il secouait la tête d'un air mécontent et répétait :

— C'est une erreur, c'est évidemment une erreur qui peut nous coûter cher! Puisse-t-elle ne pas coûter à la révolution sa tête...

Mais lorsque la décision eut été prise de ne pas différer, Lénine appliqua toute son attention aux mesures d'organisation que nécessitaient les préparatifs de l'Assemblée.

Entre temps, il devint clair que nous serions en minorité, même avec les socialistes-révolutionnaires de gauche qui se portaient sur des listes communes avec ceux de droite et qui furent complètement « roulés ».

— Bien entendu, il faut dissoudre l'Assemblée Constituante, disait Lénine, mais comment faire avec les socialistes-révolutionnaires de gauche?

Nous fûmes pourtant consolés par le vieux Natanson. Il vint « tenir conseil » avec nous et sa première parole fut pour nous dire :

— Je crois tout de même qu'il faudra dissoudre de force l'Assemblée Constituante.

— Bravo! s'écria Lénine; ce qui est bien dit est bien dit! Mais les vôtres seront-ils d'accord avec nous là-dessus?

— Quelques-uns des nôtres hésitent encore, mais je

pense qu'à la fin des fins ils accepteront, répondit Natanson.

Pour les socialistes-révolutionnaires de gauche, c'était alors la lune de miel de leur extrême radicalisme : effectivement, ils acceptèrent.

Natanson fit une proposition :

— Si nous agissions ainsi, dit-il : unissons les fractions que nous avons, vous et nous, dans l'Assemblée Constituante avec le Comité Exécutif Central, et formons ainsi une Convention?

— Pourquoi? répliqua Lénine avec un visible dépit. Pour imiter la Révolution Française? En dispersant la Constituante, nous affermissons le système soviétiste. Avec votre plan, tout s'embrouillerait : nous n'aurions ni ceci, ni cela.

Natanson essaya bien de démontrer qu'en suivant son plan, nous pourrions nous approprier une partie de l'autorité de la Constituante, mais il se rendit bientôt.

Lénine s'appliqua alors à résoudre tout à fait la question de la Constituante.

— La faute est évidente, disait-il : nous avons déjà conquis le pouvoir et pourtant nous nous sommes mis dans une telle situation que nous sommes maintenant forcés de prendre des mesures de guerre pour le reconquérir.

Il mena les préparatifs avec un soin scrupuleux, examinant tous les détails et soumettant pour cela à un interrogatoire passionné Ouritsky qui avait été nommé, au grand chagrin de Lénine, commissaire de l'Assemblée Constituante. Entre autres choses, Lénine prescrivit d'amener à Pétrograd un régiment letton qui se composait surtout d'ouvriers.

— Le moujik pourrait flancher, dit-il; il nous faut ici de la décision prolétarienne.

Les députés bolchéviks de l'Assemblée Constituante

qui arrivaient de tous les points de la Russie furent répartis, sous la pression de Lénine et la direction de Sverdlov, dans les fabriques, les usines et les diverses formations de l'armée. Ils constituaient un élément important dans l'appareil d'organisation de « la révolution complémentaire » du 5 janvier. En ce qui concerne les députés socialistes-révolutionnaires, ils estimaient incompatible avec la dignité d'élu du peuple la participation à la lutte : « Le peuple nous a choisis, c'est à lui de nous défendre ». En réalité, ces petits-bourgeois de province ne savaient absolument pas comment se conduire; et pour la plupart, ils avaient tout simplement peur. Mais ils préparèrent soigneusement le cérémonial de la première séance. Ils apportèrent des bougies pour le cas où les bolchéviks feraient éteindre l'électricité et une grande quantité de tartines pour le cas où on les ferait jeûner. C'est ainsi que la démocratie marcha au combat contre la dictature, fortement armée de tartines et de bougies. Le peuple n'eut même pas l'idée de soutenir des hommes qui se considéraient comme ses élus et n'étaient en réalité que les ombres d'une période révolutionnaire déjà passée.

Pendant la liquidation de l'Assemblée Constituante, je me trouvais à Brest-Litovsk. Mais lorsque bientôt je revins à Pétrograd pour y prendre conseil, Lénine me dit au sujet de la dissolution de l'Assemblée :

— Sans doute, c'était de notre part très risqué de ne pas ajourner la convocation, c'était très, très imprudent. Mais, finalement, cela n'en vaut que mieux. La dispersion de l'Assemblée Constituante par le pouvoir soviétiste est une liquidation complète et ouverte de la forme démocratique au nom de la dictature révolutionnaire. Désormais, la leçon restera.

C'est ainsi que la généralisation théorique apparaissait avec l'emploi d'un régiment de chasseurs lettons.

A cette époque, sans aucun doute, durent définitivement se former dans la conscience de Lénine les idées qu'il a formulées plus tard, pendant le premier Congrès de l'Internationale Communiste, dans ses remarquables thèses sur la démocratie.

La critique de la démocratie formelle a, on le sait, sa longue histoire. Le caractère intermédiaire de la révolution de 1848 avait été expliqué et par nous et par nos prédécesseurs comme un naufrage de la démocratie politique. Celle-ci fut remplacée par la démocratie « sociale ». Mais la société bourgeoise sut contraindre cette dernière à occuper la position que la pure démocratie n'avait déjà plus la force de garder. L'histoire politique passa par une période dilatoire quand la démocratie sociale, s'alimentant de la critique de la pure démocratie, remplit en fait les obligations de cette dernière et s'imprégna tout entière de ses vices.

Il se produisit ce qui avait eu lieu bien des fois dans l'histoire : l'opposition se trouva appelée à résoudre dans un sens conservateur des problèmes qui dépassaient déjà les forces compromises de la veille. Après avoir été la condition temporaire d'une préparation de la dictature prolétarienne, la démocratie devint le critérium suprême, la dernière instance de contrôle, l'inviolable Saint des Saints, c'est-à-dire l'hypocrisie supérieure de la société bourgeoise. Il en fut ainsi également chez nous. Frappée mortellement dans ses intérêts matériels en Octobre, la bourgeoisie essaya encore une fois de ressusciter en janvier, sous l'apparence du fantôme sacré de l'Assemblée Constituante. Ensuite, le développement victorieux de la révolution prolétarienne qui avait dispersé ouvertement, brutalement l'Assemblée Constituante porta à la démocratie formelle le coup bienfaisant dont elle ne devait jamais se relever. Voilà pourquoi Lénine avait raison quand il disait :

— En fin de compte, les choses se sont mieux arrangées ainsi!

*
**

Dans cette Assemblée Constituante de socialistes-révolutionnaires, la république de février trouva l'occasion de mourir une seconde fois.

Sur le fond d'impressions générales qui me restent de la Russie officielle de février, du Soviet de Pétrograd, composé alors de menchéviks et de socialistes-révolutionnaires, se dessine nettement, aujourd'hui encore comme si cela datait d'hier, la physionomie d'un délégué socialiste-révolutionnaire. Qui il était, d'où il venait, je n'en savais et n'en sais encore rien. Sans doute, de province. Il avait l'air d'un jeune maître d'école, d'origine ecclésiastique : il avait dû être bon séminariste. Le nez camus, presque sans moustache, visage simplet, à fortes pommettes, portant lunettes. C'était à la séance où les ministres socialistes se présentèrent pour la première fois au Soviet. Tchernov, en termes prolixes, diffus, attendris, coquets et nauséeux, expliquait pourquoi lui et les autres étaient entrés dans ce gouvernement et quelles seraient les heureuses conséquences de l'acte. Je me rappelle une phrase assommante que l'orateur répéta des dizaines de fois :

— Vous nous avez *poussés* dans le gouvernement, c'est à vous de nous mettre *en repoussoir*.

Le séminariste contemplait l'orateur avec, dans les yeux, une flamme d'adoration concentrée. C'est ainsi que doit se sentir et que doit regarder le fidèle pèlerin qui a le bonheur de visiter un fameux sanctuaire et l'honneur d'entendre le sermon d'un saint *staretz* (1).

---

(1) Dans certains monastères de Russie, « ancien » jouissant d'une influence particulière et que l'on considère souvent comme un faiseur de miracles. — N. d. T.

Le discours coulait interminablement; par moments, dans l'auditoire fatigué un léger brouhaha s'élevait. Mais, en mon séminariste, les sources de la vénération et de l'enthousiasme semblaient intarissables.

— Voilà la physionomie qu'elle doit avoir, notre révolution, ou plutôt *la leur!* me disais-je, dans cette séance du Soviet de 1917, la première à laquelle j'assistais.

A la fin du discours de Tchernov, ce fut une tempête d'applaudissements. Dans un petit coin seulement, des bolchéviks très peu nombreux échangeaient entre eux l'expression de leur mécontentement. Ce groupe se détacha du reste quand il soutint avec ensemble la critique que je fis du ministérialisme de défense nationale des menchéviks et des socialistes-révolutionnaires. Le pieux séminariste était effarouché, alarmé au dernier degré. Il ne s'indignait pas : en ce temps-là, il n'osait pas encore éprouver de l'indignation contre un émigré qui venait de rentrer au pays. Mais il ne pouvait comprendre comment on s'élevait contre un événement aussi heureux et aussi merveilleux à tous points de vue que l'entrée de Tchernov dans le Gouvernement Provisoire. Il était assis à quelques pas de moi et sur son visage que je consultais comme un baromètre, l'effroi et l'étonnement luttaient avec le respect qui n'en était pas encore tombé. Ce visage est resté à jamais fixé dans ma mémoire comme la figure même de la révolution de février, dans ce qu'elle eut de meilleur, de simpliste, de naïf, de médiocre, dans son élément de petite-bourgeoisie et de séminaire; car cette révolution avait un autre aspect, beaucoup plus laid, celui de Dan et de Tchernov.

Ce n'est pas en vain ni par hasard que Tchernov se trouva président de l'Assemblée Constituante. Il avait été élevé à cette hauteur par la Russie de février, paresseusement révolutionnaire, qui tenait encore d'Oblomov (1)

(1) Personnage célèbre d'un roman de Gontcharov; type de la nonchalance et de la rêvasserie dans l'ancienne Société russe. — N. d. T.

et qui était d'une part, oh! si candide! et, d'autre part, ah! si friponne!... A demi réveillé, le moujik soulevait et poussait haut les Tchernov, par l'intermédiaire de séminaristes dévotieux. Et Tchernov acceptait ce mandat non sans grâce « russienne » et non sans filouterie également « russienne ». Car Tchernov — et c'est à cela que je veux en venir — est aussi, dans son genre, un type national. Je dis « aussi » parce que, il y a quatre ans, j'ai eu l'occasion de parler du caractère « national » de Lénine. La juxtaposition ou du moins l'approximation indirecte de ces deux figures pourra paraître inconvenante. Et elle serait en effet grossière, indécente, s'il s'agissait des personnalités. Mais je parle ici des « éléments » nationaux, tels qu'ils se sont incarnés et reflétés.

Tchernov est l'épigone de la vieille tradition des intellectuels révolutionnaires; Lénine en est l'achèvement et la complète et définitive prescription.

Dans la vieille société intellectuelle, on trouvait le noble « repenti » qui pérorait à profusion sur le devoir de servir le peuple; et le séminariste révérencieux, qui du logement de sa tante bigote ouvrait à demi la fenêtre sur le monde de la pensée critique; et le moujik instruit, dont le choix hésitait entre la socialisation de la terre et le lotissement selon les formules de Stolypine; et l'ouvrier isolé qui s'était frotté à messieurs les étudiants, qui s'était détaché des siens et n'avait pu s'attacher aux autres.

Il y a de tout cela dans le genre de Tchernov, à la voix doucereuse, au caractère et à l'esprit informes, intermédiaires, tout en transitions. Du vieil idéalisme intellectuel de l'époque de Sophie Pérovskaïa, il n'est presque rien resté dans le monde de Tchernov. En revanche, il s'y est ajouté quelque chose de la nouvelle Russie industrielle et marchande, quelque chose surtout de ce qui s'exprime par le dicton des commerçants: « Qui ne ment point ne vend point. »

Herzen fut en son temps un merveilleux et immense phénomène dans le développement de l'opinion russe. Mais laissez Herzen se décanter pendant un demi-siècle; supprimez en lui les couleurs chatoyantes du talent; supposez qu'il soit devenu son propre épigone; placez-le devant ce fond de 1905-1917 : et vous aurez l'élément du monde de Tchernov.

Pour Tchernychevsky, il ne se laisse pas décomposer si facilement, mais il y a dans Tchernov un élément de caricature de Tchernychevsky.

Le lien de notre « socialiste-révolutionnaire » avec Mikhaïlovsky semble beaucoup plus immédiat, car, dans ce dernier, la survivance, l'épigonisme dominaient déjà.

Sous le tchernovisme comme sous toute la surface de notre développement, apparaît l'élément paysan, mais dans son interférence avec la demi-intellectualité des villes et des villages, de la petite-bourgeoisie peu avancée ou bien de l'intellectualité trop avancée et fortement gâtée déjà.

L'élévation extrême du tchernovisme fut nécessairement éphémère. En février, une première secousse s'est produite : le soldat, l'ouvrier et le moujik se réveillent; de degré en degré, le mouvement passe aux volontaires de l'armée, aux séminaristes, aux étudiants, aux avocats; il se fait sentir dans les commissions mixtes et dans toutes sortes d'institutions qu'on invente alors; il élève enfin les Tchernov sur les hauteurs démocratiques tandis que... dans les bas-fonds se produit un déplacement : et les hauteurs démocratiques restent suspendues en l'air.

Voilà pourquoi tout l'esprit du monde de Tchernov — entre Février et Octobre — se résume dans cette incantation : « Arrête-toi, moment : tu es trop beau! »

Mais le moment ne s'arrêtait pas. Le soldat « s'endiablait », le moujik s'arrêtait, résistait, et le séminariste lui-même commençait à perdre les pieux sentiments que Février lui avait inspirés; en résultat de quoi, les Tchernov, basques au vent, descendaient, glissaient sans aucune grâce de ces hauteurs imaginaires dans les flaques de boue de la réalité vraie.

Il y a des dessous paysans également à la base du léninisme, dans la mesure où ils existent sous le prolétariat russe et sous toute notre histoire. Par bonheur, dans notre histoire, il n'y a pas que de la passivité ou de l'esprit d'Oblomov; il y a aussi du mouvement. Dans le paysan même, il n'y a pas que des préjugés; il y a aussi du jugement.

Tout ce qui est activité, courage, haine de l'inertie et de l'oppression, mépris pour les faibles caractères, en un mot, tous les éléments qui déterminent le mouvement, qui se sont formés et accumulés dans les glissements des couches sociales, dans la dynamique de la lutte de classes, tout cela a trouvé son expression dans le bolchévisme.

Le dessous paysan se réfracte à travers le prolétariat, à travers la force dynamique de notre histoire, et pas seulement de la nôtre, et Lénine donne son expression achevée à cette réfraction. En ce sens précisément Lénine est l'expression intellectuelle et capitale de l'élément national. Tandis que le tchernovisme reflète le même dessous national, mais non du côté de la tête, loin de là.

L'épisode tragi-comique du 5 janvier 1918 (dispersion de l'Assemblée Constituante) fut le dernier choc qui se produisit entre les principes du léninisme et l'élément de Tchernov. Mais là il ne fut vraiment question que d'un « principe »; car, pratiquement, il n'y eut aucun choc; ce qui se produisit fut une petite et piteuse démonstration de l'arrière-garde de la « démocratie » qui descendait de la scène, armée de ses bougies et de ses tartines variées. Toutes les fictions se dégonflèrent, les décors à bon marché s'abattirent, l'emphatique force morale se manifesta comme une niaise impuissance. *Finis!*

V

Le travail gouvernemental

Le pouvoir est conquis à Pétersbourg. Il faut former un gouvernement.

— Comment l'appeler? pense tout haut Lénine. Surtout, pas de ministres! Le titre est abject, il a traîné partout.

— On pourrait mettre : des commissaires, dis-je alors; mais il y a beaucoup trop de commissaires à présent... Peut-être des « hauts commissaires »... Non, « haut commissaire » sonne mal. Et si nous disions : « Commissaires du peuple »?

— Commissaires du peuple? Ma foi, il me semble que ça pourrait aller. Et le gouvernement, dans son ensemble?

— Conseil des Commissaires du Peuple?

— Conseil des Commissaires du Peuple, reprit Lénine, mais c'est parfait : cela sent la révolution.

De cette dernière phrase je me souviens avec une précision littérale (1).

Dans les coulisses se poursuivaient de pénibles négo-

(1) Le camarade Milioutine a raconté cet épisode un peu différemment; mais ma rédaction me semble plus juste. En tout cas, les mots de Lénine : « Cela sent la révolution » ont été prononcés lorsque je proposai d'appeler le gouvernement : Conseil des Commissaires du Peuple.

ciations avec le *Vikjel* (Comité Exécutif Panrusse des Cheminots), avec les socialistes-révolutionnaires de gauche, avec d'autres. Sur ce chapitre, je ne puis dire cependant que peu de choses. Je me souviens seulement de la véhémente indignation que provoquèrent chez Lénine les insolentes prétentions du Comité Panrusse des Cheminots et de sa non moindre indignation à propos de ceux d'entre nous auxquels ces exigences en imposaient. Nous continuions pourtant les négociations puisqu'il fallait compter quelque temps encore avec ce Comité.

Sur l'initiative du camarade Kamenev, la loi promulguée par Kérensky, instituant la peine de mort pour les soldats, fut abrogée. Je ne puis me rappeler exactement à quelle institution Kamenev fit cette proposition; ce fut probablement au Comité de Guerre Révolutionnaire, et, semble-t-il, dès le matin du 25 octobre. Je me souviens que ce fut en ma présence et que je ne fis pas d'objection. Lénine était absent. Cela se passait sans doute avant son arrivée à Smolny. Quand il eut connaissance de ce premier acte législatif, son indignation fut sans bornes.

— Sottises, sottises, répétait-il. Croit-on que l'on puisse faire une révolution sans fusiller? Pensez-vous vraiment venir à bout de tous les ennemis en vous désarmant? Quelles autres mesures de répression nous reste-t-il? L'emprisonnement? Qui s'en laissera intimider pendant une guerre civile, alors que chacun des adversaires a l'espoir de vaincre?

Kamenev essayait de démontrer qu'il ne s'agissait que d'abolir la peine de mort dont Kérensky voulait surtout frapper les soldats déserteurs. Mais Lénine fut inflexible. Il était évident pour lui que ce décret manifestait une attitude insuffisamment méditée vis-à-vis des immenses difficultés au-devant desquelles nous allions.

— C'est une faute, répétait-il, c'est une faiblesse inadmissible, une illusion pacifiste, etc.

Il proposait de rapporter immédiatement ce décret. On lui objecta l'impression extrêmement fâcheuse que ce geste devait provoquer. Quelqu'un dit :

— Mieux vaut recourir aux exécutions quand il deviendra évident qu'il n'y a pas d'autre issue.

Finalement, on admit cette solution.

Les journaux bourgeois, socialistes-révolutionnaires et menchéviks, dans les premiers jours qui suivirent la révolution, formaient un chœur assez bien accordé : chœur de loups, de chacals et de chiens enragés. Seul, le *Novoïé Vrémia* s'efforçait de prendre le ton du « loyalisme », et adoptait une attitude de chien fouetté.

— Est-ce que nous n'allons pas museler toute cette canaille ? demandait constamment Vladimir Iliitch. Dieu me pardonne, est-ce donc ça la dictature!

Les journaux s'étaient emparés des mots : « Pille ce qui fut pillé », et les exploitaient de toutes façons : dans des articles de fond, dans des chroniques, en vers.

— Ils en tiennent pour le « pille ce qui fut pillé », dit un jour Lénine avec un désespoir comique.

— Mais de qui sont ces mots? demandai-je; serait-ce une invention?

— Mais non! Je l'ai effectivement dit un jour, répondit Lénine; je l'ai dit pour l'oublier aussitôt; mais eux, ils en ont fait tout un programme.

Et, en bon humoriste, il faisait un geste de découragement.

Tous ceux qui ont la moindre idée de Lénine savent qu'une de ses capacités les plus fortes était celle de toujours distinguer le fond de la forme. Mais il n'est pas inutile de souligner combien il faisait de cas de la forme, connaissant la puissance du formel sur les esprits et par là même transformant le matériel en substantiel. A partir du moment où le Gouvernement Provisoire fut déposé, Lénine agit systématiquement, dans les grandes choses comme dans les petites, en qualité de gouvernement. Nous n'avions encore aucun mécanisme gouvernemental; la liaison avec la province n'existait pas; les fonctionnaires sabotaient; le Comité Panrusse des Cheminots gênait nos pourparlers télégraphiques avec Moscou; il n'y avait pas d'argent et il n'y avait pas d'armée. Mais Lénine, partout et toujours, procédait par arrêtés, décrets, ordres donnés au nom du gouvernement. Il va sans dire qu'il était plus loin que quiconque de s'incliner superstitieusement devant les formules magiques. Il était trop conscient de ce que notre force résidait dans le nouvel appareil étatique qui se formait par en bas, dans les rayons de Pétrograd. Mais pour mener de pair le travail d'en haut, celui qui venait des chancelleries désertées ou sabotées, avec le travail d'en bas, il fallait ce ton d'opiniâtreté dans les formes, ce ton d'un gouvernement qui s'agite encore aujourd'hui dans le vide, mais qui, demain ou après-demain, deviendra une force, et qui, par conséquent, se manifeste dès aujourd'hui comme la force qu'il doit être. Ce formalisme était également nécessaire pour discipliner notre propre confrérie. Au-dessus de la tourmente des éléments, au-dessus des improvisations révolutionnaires des groupes prolétariens les plus avancés, le mécanisme gouvernemental tendait peu à peu ses fils.

Le cabinet de Lénine et le mien étaient situés aux deux bouts opposés de l'Institut Smolny. Le corridor qui nous unissait, ou plutôt qui nous séparait, était si long que Vladimir Iliitch, par plaisanterie, proposa d'établir la liaison par cyclistes. Nous communiquions par téléphone : des marins accouraient fréquemment chez moi, m'apportant ces remarquables petits billets de Lénine, deux ou trois fortes phrases détachées sur un petit bout de papier, chacune en retrait, les mots les plus importants soulignés de deux ou trois coups de plume, le tout terminé par une question posée également en retrait. Plusieurs fois par jour, je parcourais l'interminable corridor, qui ressemblait à une fourmilière, pour me rendre au cabinet de Vladimir Ilitch, à des conférences. Les questions concernant la lutte révolutionaire étaient au centre des préoccupations. Pour le ministère des affaires étrangères, je m'en remis entièrement aux camarades Markine et Zalkind. Je me bornai, quant à moi, à rédiger quelques notes dans un but d'agitation et à recevoir un petit nombre de gens.

L'offensive allemande nous plaça devant les tâches les plus difficiles, alors que nous n'avions aucun moyen de résoudre les problèmes, ni même la capacité élémentaire de trouver ces moyens ou de les créer. Nous commençâmes par un appel. Je rédigeai un projet intitulé : « La patrie socialiste en danger », projet qui fut discuté en commun avec les socialistes-révolutionnaires de gauche. Ceux-ci, en leur qualité de nouvelles recrues de l'internationalisme, furent embarrassés par le titre. Lénine, par contre, l'approuva vivement :

— Cela montre du coup notre changement d'attitude à 180°, à l'égard de la défense nationale. C'est précisément ce qu'il faut.

Dans un des derniers paragraphes du projet, il était parlé de l'extermination sur place de quiconque oserait aider l'ennemi. Le socialiste-révolutionnaire de gauche Steinberg, que je ne sais quel vent capricieux avait jeté dans la révolution et même poussé jusqu'au Conseil des Commissaires du Peuple, s'insurgea contre cette farouche menace qui, disait-il, nuisait à « l'éloquence » de l'appel.

— Au contraire, s'écria Lénine, c'est justement en cela que réside la véritable éloquence révolutionnaire! (Et prononçant ce mot d' « éloquence », il en déplaçait l'accent avec ironie). Vous imaginez-vous que nous sortirons vainqueurs de la lutte sans la plus impitoyable terreur révolutionnaire?

C'était la période où Lénine profitait de toute occasion

pour implanter l'idée de la terreur inévitable. Toutes les manifestations de « débonnaireté », de candeur cordiale, de mollesse — et il y avait de tout cela à en revendre — l'indignaient, non pas en elles-mêmes à vrai dire : mais elles lui prouvaient que l'élite même de la classe ouvrière voyait mal quels formidables problèmes devraient être résolus par des actes d'énergie également formidables.

— Ils sont menacés, — disait-il de nos ennemis, — de tout perdre. Et cependant, ils ont pour eux des centaines de milliers d'hommes qui ont passé par l'école de la guerre, qui sont repus, téméraires, prêts à tout : officiers, junkers, fils de bourgeois et de propriétaires, policiers, paysans profiteurs. Et ces « révolutionnaires-là » — passez-moi l'expression — s'imaginent que nous pourrons faire la révolution en bonnes gens, avec des gentillesses. Où donc sont-ils allés à l'école? Et qu'entendent-ils par dictature? Et quelle est cette dictature de grands dadais?

On pouvait entendre de ces tirades dix fois par jour, et elles visaient toujours un des hommes présents, suspect de « pacifisme ». Lénine, quand on parlait devant lui de révolution ou de dictature, surtout dans les séances du Conseil des Commissaires du Peuple, ou devant des socialistes-révolutionnaires de gauche, ou des communistes hésitants, ne manquait jamais une occasion de s'écrier :

— Mais, où la voyez-vous, notre dictature? Mais, montrez-la! Ça, une dictature? Mais c'est de la bouillie pour les chats!

Il aimait beaucoup cette expression de « bouillie » qui signifie gâchis.

— Si nous ne sommes pas capables de fusiller un saboteur de la garde blanche, où la voyez-vous, cette grande révolution? Mais lisez-donc ce que ces chenapans de bourgeois écrivent dans leurs journaux! Où est la dictature là-dedans? Je n'y vois que du verbiage et de la bouillie...

Ces propos exprimaient le véritable état d'âme de Lénine, mais, en même temps, ils étaient profondément calculés : conformément à sa méthode, Lénine implantait dans les têtes la conscience de la nécessité de mesures exceptionnellement rigoureuses pour le salut de la révolution.

L'impuissance du nouvel appareil gouvernemental s'avéra au moment où les Allemands déclanchèrent leur offensive.

— Hier, nous étions encore solidement en selle — disait Lénine en tête-à-tête — mais aujourd'hui nous nous cramponnons à la crinière de la bête. Ça nous apprendra! Cette leçon doit remédier à la maudite nonchalance des vrais Oblomovs que nous sommes. Mets de l'ordre dans tes affaires, applique-toi comme il faut à ta besogne si tu ne veux pas rester un esclave! Ce sera pour nous une grande leçon, si... si seulement les Allemands et les blancs ne réussissent pas à nous désarçonner.

— Dites-donc, — me demanda un jour de but en blanc Vladimir Iliitch, — si les gardes-blancs nous tuent, vous et moi, croyez-vous que Boukharine et Sverdlov pourront se tirer d'affaire?

— Bah! Peut-être qu'ils ne nous tueront pas, répondis-je sur un ton de plaisanterie.

— Diable! On ne sait jamais, dit Lénine, et il éclata de rire. La conversation s'en tint là.

Dans une des salles du Smolny, l'Etat-Major tenait séance. De toutes les institutions, c'était la moins ordonnée. On ne pouvait jamais comprendre de qui venaient les décisions, qui avait le commandement et sur quoi. C'est alors que se posa pour la première fois, dans les grandes lignes, la question des techniciens militaires. Nous avions déjà, sur ce point, une certaine expérience, acquise dans la lutte contre le général Krasnov (1) ; nous avions alors donné le commandement de nos forces au colonel Mouraviev (2), qui, à son tour, chargea le colonel Walden de diriger les opérations sous Poulkovo. Mouraviev avait été constamment accompagné par quatre matelots et un soldat qui avaient pour instruction de veiller et de tenir toujours la main sur la crosse du revolver. Tel fut l'embryon du système des commissaires aux armées. Cette expérience eut son utilité relative lorsque l'on créa le Conseil Supérieur de l'Armée.

— Sans militaires sérieux et expérimentés, nous ne sortirons jamais de ce chaos, disais-je à Vladimir Iliitch après chacune de nos visites à l'Etat-Major.

— Il semble que ce soit juste. Mais s'ils allaient nous trahir ?

— Nous mettrons un commissaire auprès de chacun.

— Mieux, nous en mettrons deux, s'écria Lénine, et qui aient la poigne solide. Il ne se peut pas que nous manquions de communistes qui soient des hommes à poigne.

C'est ainsi que l'on institua le Conseil Supérieur de l'Armée.

La question du transfert du gouvernement à Moscou provoqua bien des frottements. C'était, disait-on, déserter Pétrograd qui avait jeté les bases de la révolution d'Octobre. Les ouvriers ne comprendraient pas. Smolny devenait déjà synonyme du pouvoir des Soviets, et maintenant l'on proposait de liquider Smolny ! Et l'on

---

(1) Le général cosaque Krasnov, monarchiste, marcha sur Pétrograd avec Kérensky le 26 octobre. Battu et fait prisonnier sur parole, il s'échappa et prit une part active à la guerre civile dans la région du Don. Il est maintenant émigré. — N. d. T.

(2) Le colonel Mouraviev, sympathisant au parti socialiste-révolutionnaire, dirigea les premières opérations des gardes-rouges. En présence de la contre-révolution socialiste-révolutionnaire dans l'Oural, il tenta de passer à l'ennemi ; mais, démasqué, il se brûla la cervelle (1918). — N. d. T.

disait bien d'autres choses. Lénine se mettait littéralement hors de lui en répliquant à ces considérations :

— Peut-on avec de pareilles balivernes sentimentales obscurcir la question du destin de la révolution? Si, d'un bond, les Allemands s'emparent de Pétrograd, et qu'ils nous y prennent, la révolution est perdue. Si, par contre, le gouvernement se trouve à Moscou, la chute de Pétrograd ne sera plus qu'un coup pénible, mais partiel. Comment ne voyez-vous pas cela? Comment ne le comprenez-vous pas? Et il y a plus : en restant, dans les conditions actuelles, à Pétrograd, nous accroissons le danger, nous semblons appeler les Allemands à s'emparer de la capitale. Mais si le gouvernement se trouve à Moscou, la tentation de prendre Pétrograd doit diminuer de beaucoup : a-t-on grand intérêt à occuper une cité révolutionnaire affamée, si cette occupation ne décide pas du sort de la révolution et de paix? Quelles sornettes nous contez-vous sur la signification symbolique de Smolny? Smolny est Smolny parce que nous y sommes. Et quand nous serons au Kremlin, toute votre symbolique passera avec nous au Kremlin.

Finalement, l'opposition fut brisée. Le gouvernement se transporta à Moscou. Je restai quelque temps encore à Pétrograd, en qualité, je crois, de président du Comité de Guerre Révolutionanire de la capitale. A mon arrivée à Moscou, je trouvai Vladimir Iliitch au Kremlin, dans l'édifice dit du « corps de cavalerie ». Il n'y avait pas moins de « bouillie », c'est-à-dire de désordre et de chaos ici qu'à Smolny. Vladimir Iliitch tançait avec bonhomie les moscovites tout pénétrés de l'esprit de clocher et, peu à peu, pas à pas, tendait les rênes.

Le gouvernement, qui se renouvelait partiellement assez souvent déployait alors une fiévreuse activité dans la publication de ses décrets. Chaque séance du Conseil des Commissaires du Peuple, dans cette première période, donnait le tableau d'une grande improvisation législative. Il fallait tout prendre par le début, tout bâtir sur terrain neuf. Impossible de trouver des « précédents »; l'histoire n'en avait aucune provision. Il était même difficile de rechercher de simples informations, faute de temps. Les questions ne se posaient que dans l'ordre de l'urgence révolutionnaire, c'est-à-dire dans l'ordre du chaos le plus invraisemblable. Les plus grands problèmes se mêlaient fantastiquement aux plus petits. Des questions pratiques de deuxième ordre conduisaient à de complexes questions de principe. Les décrets ne s'accordaient pas tous les uns avec les autres, loin de là, et Lénine ironisa plus d'une fois, même en public, au sujet du manque de coordination de notre œuvre législative. Mais, en fin de compte, ces contradictions, bien que très sérieuses du point de vue des besoins pratiques du moment, se noyaient dans le travail de la pensée révolutionnaire qui, posant les jalons de la loi, traçait de nouveaux chemins vers un monde nouveau de relations humaines.

Point n'est besoin de dire que la direction de tout ce travail appartenait à Lénine. Il présidait inlassablement, des cinq et six heures d'affilée, au Conseil des Commissaires du Peuple — dont les séances furent, dans la première période, quotidiennes, — passant d'une question à une autre, dirigeant les débats, limitant strictement le temps des orateurs qu'il vérifiait sur une montre de poche, plus tard remplacée par un chronomètre présidentiel

En règle générale, les questions étaient posées sans examen préalable et toujours, comme nous l'avons dit, d'urgence. Très souvent, le fond même de la question était encore ignoré des membres du Conseil et du président, jusqu'au moment où s'ouvraient les débats et ceux-ci étaient toujours très succincts, le rapporteur ne disposant que de cinq ou dix minutes. Et néanmoins, le président trouvait, comme à tâtons, la ligne à suivre.

Lorsque l'assistance était nombreuse et qu'il s'y trouvait de nombreux techniciens ou des visages inconnus, Vladimir Iliitch avait recours à son geste favori : la main droite portée en visière au front, il observait le rapporteur et l'assistance à travers les doigts; et il observait d'un œil pénétrant, sagace, découvrant bientôt ce dont il avait besoin.

Sur une étroite bande de papier, d'une écriture minuscule (économie!) il inscrivait les orateurs, surveillant aussi sa montre qui, de temps à autre, apparaissait sur la table pour rappeler à l'orateur qu'il était temps de finir.

Et en même temps, le président jetait vivement sur le papier des conclusions, des résolutions d'après les motifs qui lui avaient semblé les plus significatifs dans le débat.

En outre, d'ordinaire, Lénine, pour économiser le temps, envoyait à tels ou tels membres de la réunion de courts billets demandant des renseignements. Ces billets auraient dû constituer une vaste et très intéressante documentation épistolaire dans la technique de la législation soviétiste. La plupart se sont malheureusement perdus, car la réponse était habituellement écrite sur le revers du papier et le tout était, sur-le-champ, méticuleusement détruit par le président.

A un certain moment, Lénine donnait lecture de son projet de résolution, toujours conçu en un style d'une raideur préméditée, d'une angulosité pédagogique (pour souligner, mettre en valeur, empêcher de brouiller les faits); après quoi, les débats cessaient ou entraient dans la voie des propositions pratiques et des éclaircissements. Le projet de Lénine devenait toujours la base du décret.

Pour diriger ce travail, il fallait, outre bien d'autres qualités indispensables, une immense imagination créatrice.

Ce mot peut paraître à première vue inadéquat, mais il exprime la vérité même. L'imagination peut être de nature variée : elle est aussi nécessaire à l'ingénieur constructeur qu'au romancier déchaîné. Un des aspects les plus précieux de l'imagination réside dans la faculté de se représenter les gens, les choses et les phénomènes tels qu'ils sont dans la réalité, alors même qu'on ne les a jamais vus. En utilisant toute l'expérience qu'on a de la vie et les principes théoriques, combiner des observations, des renseignements épars, saisis au vol; les élaborer, les rattacher en un tout, les compléter selon certaines lois non formulées encore de correspondance et reconstituer ainsi, dans toute sa réalité concrète, un domaine déterminé de l'existence humaine, — voilà l'imagination qu'il faut au législateur, à l'administrateur, au chef, surtout à une époque de révolution. La force de Lénine était, dans une immense mesure, celle de l'imagination réaliste.

La perpétuelle tension vers le but de Lénine était toujours concrète; autrement, d'ailleurs, elle n'eût pas été l'expression d'une volonté bien nettement définie et dirigée. Lénine lui-même, semble-t-il, a exprimé dans l'*Iskra*, pour la première fois, cette idée que, dans la complexité d'enchaînement des actes politiques, il faut savoir discerner, à un moment donné, l'anneau central pour s'en saisir et imprimer la direction voulue au mouvement de la chaîne entière.

Plus tard, Lénine est revenu plus d'une fois sur cette pensée, et bien souvent il a employé l'image de la chaîne et de l'anneau.

Cette méthode passa, dirait-on, chez lui, de la sphère du conscient dans celle du subconscient, devenant en quelque sorte une seconde nature.

Dans les moments les plus critiques, quand il s'agissait d'un revirement tactique plus ou moins risqué et où la responsabilité était particulièrement engagée,

Lénine paraissait écarter, balayer tout ce qui était accessoire, secondaire, tout ce qui pouvait être différé.

Cela ne doit pas être interprété dans ce sens qu'il se serait contenté de saisir un problème central, dans ses traits essentiels, en se désintéressant des détails.

Au contraire, lorsqu'il considérait une tâche comme urgente, il posait le problème dans toute sa réalité concrète, l'abordant de divers côtés, méditant les détails, et parfois des détails de troisième ordre, cherchant l'occasion de donner de nouvelles impulsions, remettant les choses en mémoire, provoquant l'action, soulignant et vérifiant les valeurs, exerçant une continuelle pression. Mais tout cela était subordonné à l'importance de « l'anneau » qu'il considérait comme le plus efficace, le seul décisif à un certain moment.

Ce faisant, il ne rejetait pas seulement tout ce qui, directement ou indirectement, était en contradiction avec la tâche centrale; il écartait aussi ce qui pouvait simplement distraire l'attention, affaiblir l'énergie. Dans les moments les plus critiques, il devenait comme sourd et muet à l'égard de tout ce qui dépassait les limites du problème par lequel il était absorbé. Le seul fait de poser à ce moment des questions qui pouvaient paraître indifférentes, neutres, lui donnait comme la sensation d'un danger dont il s'écartait d'instinct.

L'étape critique heureusement franchie, Lénine s'écriait souvent, au sujet de telle ou telle autre affaire :

— Mais nous avons tout à fait oublié de faire ceci...

— Mais nous avons laissé échapper telle occasion, en ne pensant qu'aux principales...

Et il arrivait qu'on lui répliquât :

— Mais cette question a été posée, cette proposition a été faite; seulement, vous n'avez rien voulu entendre!

— Pas possible? — répondait-il — je ne m'en souviens pas du tout.

En parlant ainsi, il éclatait d'un rire malicieux, un

peu « confus » et faisait un geste de la main, de haut en bas, qui lui était particulier et qui voulait dire : « on ne peut pas tout faire ». Ce « défaut », chez lui, n'était d'ailleurs que le revers de l'aptitude portée au plus haut degré d'assembler toutes ses forces intérieures, aptitude qui a précisément fait de lui l'un des plus grands révolutionnaires connus dans l'histoire.

Dans les thèses de Lénine sur la paix, rédigées au début de janvier 1918, il est parlé de la nécessité « pour le succès du socialisme en Russie d'un certain intervalle de temps, *de quelques mois au moins* ».

Ces mots semblent aujourd'hui complètement inintelligibles : n'est-ce pas un lapsus, ne s'agit-il pas en réalité de quelques années ou de quelques dizaines d'années?

Non, ce n'est pas une erreur de plume. On peut probablement relever un bon nombre d'autres déclarations analogues de Lénine. Je me rappelle fort bien que, dans la première période, à Smolny, Lénine répétait invariablement, aux séances du Conseil des Commissaires du Peuple, que dans six mois le socialisme serait institué et que nous deviendrions un des plus puissants Etats. Les socialistes-révolutionnaires de gauche, et non pas eux seulement, levaient la tête d'un air surpris et interrogateur, se regardaient entre eux, mais se taisaient. Lénine appliquait ainsi son système de persuasion. Il habituait tous ses collaborateurs à considérer désormais toutes les questions du point de vue de la construction socialiste, et non d'après la perspective du «but final», mais d'après celle du but immédiat, des tâches du jour et du lendemain.

Et il recourait, dans cette brusque transition, à sa méthode si particulière, si singulière, qui consistait à plier le jonc dans un sens d'abord, puis dans l'autre : hier, on avait dit que le socialisme était « le but final » ; aujourd'hui l'on devait penser, parler, agir de façon à assurer le triomphe du socialisme dans quelques mois.

Etait-ce là seulement un procédé pédagogique? Non, pas uniquement. A la persévérence pédagogique de Lénine, il faut ajouter son puissant idéalisme, sa volonté concentrée qui, au brusque tournant de deux époques, raccourcissait les étapes et abrégeait les délais.

Il croyait à ce qu'il disait.

Et ce fantastique délai de six mois assigné au socialisme était aussi bien fonction de l'esprit de Lénine que sa façon réaliste d'aborder chaque problème de l'actualité. La profonde et irréductible conviction de puissantes possibilités du développement humain, que l'on peut et doit payer de n'importe quels sacrifices et de n'importe quelles souffrances, fut toujours le ressort principal de l'esprit du chef.

Dans les conditions les plus difficiles, au cours des travaux quotidiens les plus exténuants, pendant les difficultés du ravitaillement et de toutes autres entreprises, dans le cercle de feu de la guerre civile, Lénine travaillait avec une application scrupuleuse à élaborer la constitution soviétiste, cherchant à mettre de l'équilibre entre des besoins pratiques de deuxième, de troisième ordre, dans le mécanisme d'Etat, et les tâches essentielles, indiquées par les principes de la dictature prolétarienne dans un pays paysan.

La Commission de la Constitution décida, on ne sait pourquoi, de revoir la « Déclaration des Droits des Travailleurs » élaborée par Lénine, afin de « l'accorder » avec le texte de la Constitution. Lorsque j'arrivai du front à Moscou, je reçus de la Commission, parmi d'autres documents, le projet de « Déclaration » revisée, ou, du moins, certaines parties de ce projet.

Je pris connaissance des matériaux dans le cabinet de Lénine, devant lui et en présence de Sverdlov. On préparait alors le Ve Congrès des Soviets.

— Au fait, pourquoi revise-t-on cette « Déclaration »? demandai-je à Sverdlov qui dirigeait les travaux de la Commission constitutionnelle.

Vladimir Iliitch, intéressé, leva la tête.

— Eh bien, voilà : la Commission a trouvé que la « Déclaration » ne s'accordait pas sur tous les points avec la Constitution et que certaines formules manquaient de précision, répondit Iakov Mikhaïlovitch.

— A mon avis, elle a eu tort, répliquai-je. La « Déclaration » avait été adpotée, elle est devenue un document historique; pour quelle raison veut-on la réviser?

— C'est parfaitement juste, reprit Vladimir Iliitch, et mon avis est que l'on a eu tort de s'y mettre. Que ce nourrisson mal peigné et barbouillé vive tel qu'il est; c'est, quoi qu'on fasse, l'enfant de la révolution... Je doute qu'il gagne à passer par les mains d'un coiffeur.

Sverdlov essaya d'abord « par devoir » de défendre la décision de sa Commission; mais bientôt il tomba d'accord avec nous. Je compris que Vladimir Iliitch, qui avait été obligé plus d'une fois de combattre telles ou telles propositions de la Commission, n'avait pas voulu engager la lutte à propos du texte de la « Déclaration des Droits » dont il était l'auteur. Mais il était enchanté de l'appui d'un tiers intervenu au dernier moment. Nous nous entendîmes tous les trois pour ne pas modifier la « Déclaration », et le merveilleux bébé, à la tignasse ébouriffée, fut dispensé des soins du coiffeur...

L'étude de la législation soviétiste dans son développement, des principaux moments qui la signalent et des tournants qu'elle a suivis avec la révolution même, ainsi que des rapports entre classes qui y sont marquées est une tâche de la plus haute importance, car les déductions qui s'imposent peuvent et doivent avoir une valeur d'enseignement pratique de premier ordre pour le prolétariat des autres pays.

Le recueil des décrets soviétistes constitue en un certain sens une partie, et non des moins importantes, des œuvre complètes de Lénine.

VI

Les Tchéco-Slovaques et les Socialistes-Révolutionnaires de gauche

Le printemps de 1918 fut très pénible. Par moments, on croyait sentir que tout s'en allait, glissant, se disséminant; on ne savait à quoi s'accrocher, sur quoi s'appuyer. D'une part, il était absolument évident que le pays serait tombé dans une lente et longue décomposition si la Révolution d'Octobre n'était intervenue. Mais, d'autre part, au printemps de 1918, on en vint involontairement à se demander si ce pays épuisé, ruiné, désespéré aurait assez de sève vitale pour soutenir le nouveau régime. Il n'y avait pas d'approvisionnements. Pas d'armée. L'appareil gouvernemental commençait à peine à se constituer. Partout suppuraient, comme des ulcères, les complots. Le corps des Tchéco-Slovaques se maintenait sur notre territoire comme une puissance indépendante de l'Etat. Nous ne pouvions rien lui opposer, ou presque rien.

Pendant une de ces terribles heures de 1918, Vladimir Iliitch me dit une fois :

— J'ai reçu aujourd'hui une délégation d'ouvriers.

Et voici qu'un d'eux, à une de mes paroles (1), réplique : « On voit bien que vous aussi, camarade Lénine, prenez le parti des capitalistes... » Vous savez, c'était la première fois que l'on m'apostrophait ainsi. Je l'avoue, j'en fus si saisi que je ne sus d'abord que répondre. Si cet ouvrier n'était pas animé de mauvaises intentions, si ce n'était pas un menchévik, voilà un symptôme bien alarmant.

Lorsqu'il me racontait cet incident, Lénine me parut plus chagriné, plus tourmenté qu'il ne l'a été plus tard, quand nous reçûmes de nos fronts de guerre la sinistre nouvelle de la chute de Kazan ou celle du danger imminent de Pétrograd. Et c'est compréhensible : Kazan et même Pétrograd perdus pouvaient être reconquis; tandis que la confiance de la classe ouvrière constitue le capital même du Parti.

— J'ai l'impression, — dis-je alors à Vladimir Iliitch, — que le pays, sortant de maladies très graves, a besoin d'une nourriture plus abondante et plus substantielle, de calme et de soins constants pour sortir de convalescence et retrouver la santé; mais il suffirait d'une pichenette pour le jeter tout à fait bas.

— Telle est aussi mon impression, — répondit Vladimir Iliitch. — Une effroyable anémie! En ce moment, le moindre choc est dangereux.

Cependant, l'histoire des Tchéco-Slovaques menaçait d'être précisément le choc fatal. Le corps des Tchéco-Slovaques formait comme une tumeur dans la chair molle de la Russie, dans nos provinces du sud-est; aucune résistance ne lui était opposée; au contraire, il se grossissait de socialistes-révolutionnaires

(1) Je regrette fort de ne pas me rappeler pour quel motif était venue cette délégation.

et de politiciens encore plus dangereux, tous du parti blanc.

Partout, il est vrai, les bolchéviks étaient au pouvoir; mais l'inconsistance morbide de la province était encore très grande. Et cela n'a rien d'étonnant. La Révolution d'Octobre ne s'était réellement faite qu'à Pétrograd et à Moscou. Dans la plupart des villes de province, Octobre, comme Février, avait été connu par le télégraphe. Les uns montaient, les autres descendaient parce que cela s'était ainsi passé dans les capitales. L'avachissement du milieu social et le manque de résistance de la part des maîtres de la veille avaient pour conséquence la mollesse même de la révolution.

L'apparition sur la scène des bataillons tchécoslovaques modifia la situation, d'abord à notre désavantage, puis, en fin de compte, à notre profit. Les blancs trouvaient une base militaire, une tige de cristallisation. En réplique à cela commença la véritable cristallisation révolutionnaire des rouges. On peut affirmer que, grâce à l'apparition des Tchéco-Slovaques et seulement grâce à cela, la région de la Volga accomplit enfin sa Révolution d'Octobre. Mais cela ne se fit pas en un jour.

Le 3 juillet, Vladimir Iliitch me donna un coup de téléphone au Commissariat de la Guerre.

— Savez-vous ce qui est arrivé? — me demanda-t-il d'une voix étouffée qui marquait une forte émotion.

— Non; quoi donc?

— Les socialistes-révolutionnaires de gauche ont lancé une bombe à Mirbach (1). On dit qu'il est griè-

(1) Mirbach était ambassadeur d'Allemagne à Moscou. — N. d. T.

vement blessé. Venez vite au Kremlin, il faut tenir conseil.

Quelques instants après, je me trouvais dans le cabinet de Lénine. Il me communiqua les faits tout en demandant par téléphone de nouveaux détails.

— Du joli! — m'écriai-je, essayant de digérer cette nouvelle pas tout à fait ordinaire. — Nous ne pouvons nous plaindre de la monotonie de l'existence.

— Oui-i! — répondit Lénine avec un rire d'inquiétude. La voilà bien, la contorsion de ce monstre de petit-bourgeois!...

Et l'ironie avec laquelle il prononçait ces mots traduisait assez ce qu'Engels avait exprimé en parlant du *rabiat gewordene Kleinbürger* (de la rage soudaine du petit-bourgeois).

En même temps, ce furent de hâtifs entretiens par téléphone — courtes questions, courtes réponses, — avec le Commissariat des Affaires Etrangères, la Tchéka et autres institutions. La pensée de Lénine travaillait, comme toujours dans les moments critiques, simultanément sur deux plans : tandis que le marxiste enrichissait son expérience historique, jugeant avec intérêt de la dernière des « contorsions », des « fluctuations » du radicalisme petit-bourgeois, le chef de la Révolution tendait infatigablement les fils de son enquête et indiquait les premières mesures à prendre. On annonçait une mutinerie dans les troupes de la Tchéka.

— Puisse cette affaire de socialistes-révolutionnaires n'être pas le noyau de cerise qui nous fera tomber!...

— Je pensais justement à cela, — répondit Lénine — le sort du petit-bourgeois indécis et impulsif ne se réduit-il pas à servir de noyau de cerise que des gardes-blancs nous jetteront sous les pieds?... En ce moment, il faut, coûte que coûte, influer sur la rédaction du rapport que les Allemands expédient à Berlin. Le motif d'intervention militaire est plus que suffisant, surtout quand on pense que Mirbach a sans doute fait connaître notre faiblesse et indiqué les résultats possibles du moindre heurt...

Bientôt arriva Sverdlov, tel qu'on le voyait toujours.

— Eh bien, — me dit-il en me tendant la main d'un air goguenard, — nous allons être obligés de transformer le Conseil des Commissaires en un nouveau Comité de Guerre révolutionnaire...

Cependant Lénine continuait à recueillir des informations. Je ne me rappelle pas si c'est alors ou un peu plus tard que l'on apprit la mort de Mirbach. Il fallait aller à l'ambassade exprimer des « condoléances ». On décida que Lénine, Sverdlov et aussi, je crois, Tchitchérine, iraient. On se demanda si je devais les accompagner. Après un bref échange de vues, je fus exempté de cette corvée.

— Et comment allons-nous dire ça? — remarqua Vladimir Iliitch, en hochant la tête. — J'en ai causé avec Radek. J'avais l'intention de dire « Mitleid » (condoléances); il paraît qu'il faut dire : « Beileid » (1).

Il rit un peu, très peu, très bas, s'habilla et dit à Sverdlov d'un ton ferme :

— Allons!

Et son visage se transforma, devint d'un gris de pierre. Il était dur pour Iliitch de faire cette visite à l'ambassade des Hohenzollern, d'exprimer des condoléances sur la mort d'un comte Mirbach. Ce fut probablement une des plus rudes émotions, un des plus durs moments de toute sa vie.

---

(1) Ce mot a le même sens, avec une nuance plus réservée. — N. d. T.

C'est en de pareils jours que l'on juge les gens. Sverdlov fut vraiment incomparable : sûr de lui-même, courageux, ferme, inventif; le meilleur type du bolchévik. Lénine acheva de découvrir et d'apprécier Sverdlov précisément en ces mois difficiles. Que de fois Vladimir Iliitch, donnant un coup de téléphone à Sverdlov pour lui demander de prendre telle ou telle urgente mesure, l'entendait répondre : « Déjà! », ce qui voulait dire que la mesure était déjà prise. Nous en plaisantions souvent, nous disions : « Du côté de Sverdlov, c'est déjà, sans doute : déjà! »

— Et pourtant, au début, nous n'étions pas d'avis de l'admettre au Comité Central, — racontait un jour Lénine; — voilà à quel point nous méconnaissions cet homme! Il y eut sur ce sujet de fameuses disputes, mais, d'en bas, au Congrès, on nous corrigea et l'on eut bien raison (1).

La mutinerie des socialistes-révolutionnaires de gauche nous avait privés d'une alliance politique; mais, en définitive, au lieu de nous affaiblir, elle nous affermit. Notre Parti s'unit plus étroitement.

---

(1) A ce sujet : on appelle constamment Sverdlov le *premier* président du Comité Central Exécutif depuis Octobre. C'est inexact. Le premier président a été, bien que pour peu de temps, le camarade Kamenev. Sverdlov le remplaça, sur l'initiative de Lénine, à une époque où s'aggravait à l'intérieur du parti la lutte engagée en raison de certaines tentatives faites pour arriver à une entente avec les partis socialistes. Dans les notes du tome XIV des *Œuvres* de Lénine, il est dit que le remplacement de Kamenev par Sverdlov eut lieu en raison du départ du premier pour Brest-Litovsk. Cette explication ne correspond pas aux faits. La nouvelle élection eut pour cause, comme il est dit ci-dessus, l'aggravation de la lutte à l'intérieur du parti. Je m'en souviens d'autant plus nettement que je fus chargé par le Comité Central de proposer à la fraction du Comité Exécutif l'élection de Sverdlov comme président.

Dans les institutions, dans l'armée, on comprit mieux l'importance des cellules communistes. Le gouvernement suivit plus fermement sa voie.

Le soulèvement des Tchéco-Slovaques eut sans aucun doute le même effet : il fit sortir le Parti de l'abattement dans lequel il se trouvait sans aucun doute depuis la paix de Brest-Litovsk. Ce fut alors la période où se succédèrent les mobilisations dans le Parti, mobilisations dirigées vers le front oriental. Le premier groupe dont faisaient encore partie des socialistes-révolutionnaires de gauche fut expédié par Lénine et par moi. Déjà se dessinait, assez vaguement au début, l'organisation des futures sections politiques. Cependant nous continuions à recevoir de la Volga de mauvaises nouvelles. La trahison de Mouraviev et le soulèvement des socialistes-révolutionnaires de gauche avaient jeté pour quelque temps dans un nouveau désordre le front de l'Est. Le danger grandit du coup. Et c'est alors que commença une transformation radicale.

— Il faut mobiliser tout le monde et toute chose, et envoyer tout cela au front, — disait Lénine. — Il faut détacher du rideau de l'armée tout ce qui est plus ou moins capable de se battre et l'envoyer sur la Volga.

Je rappellerai ici que l'on nommait « rideau » un mince cordon de troupes qui était établi à l'ouest, en face de la région occupée par les Allemands.

— Mais les Allemands? — répliquait-on à Lénine.

— Les Allemands ne bougeront pas; ils ont autre chose à faire; d'ailleurs, ils sont eux-mêmes intéressés à ce que nous en finissions avec les Tchéco-Slovaques.

Ce plan fut adopté et c'est ainsi que l'on constitua le gros de la future 5ᵉ armée. C'est alors qu'il fut décidé que je partirais pour la Volga. Je m'occupai de la formation d'un train, ce qui, à cette époque, n'allait pas tout seul. Vladimir Iliitch lui-même entrait dans toutes les démarches, me rédigeait des billets, téléphonait continuellement.

— Avez-vous une solide auto? Prenez-en une au garage du Kremlin.

Et une demi-heure plus tard :

— Prenez-vous un avion? Il faut en avoir un, cela peut servir.

— Il y aura des avions à l'armée, — répondais-je, — et je m'en servirai s'il est nécessaire.

Et encore une demi-heure plus tard :

— Je suis pourtant d'avis que vous devriez avoir un avion dans votre train; on ne sait jamais ce qui peut arriver!

Et ainsi de suite.

Nos régiments et détachements, formés à la hâte, principalement de ce qui restait de l'ancienne armée dispersée, s'éparpillèrent, on le sait, assez piteusement, dès la première rencontre avec les Tchéco-slovaques.

— Pour remédier à cette terrible instabilité, nous avons besoin d'une forte ceinture de défense, formée de communistes et en général d'hommes combatifs, — disais-je à Lénine avant de partir. — Il faut *forcer* les hommes à se battre. Si nous attendons que le moujik ait fini de s'éveiller, il sera trop tard.

— C'est juste, — répondait Iliitch; — mais je crains que la ceinture de défense elle-même ne plie. L'homme russe est trop bon; il n'est pas capable de prendre résolument des mesures de terreur révolutionnaire. Cependant, il est indispensable d'essayer.

Je me trouvais à Sviajsk lorsque j'appris l'attentat commis contre Lénine et l'assassinat d'Ouritsky. En ces jours tragiques, la révolution traversait une crise intérieure. Elle se débarrassait de sa « bonté ».

Le glaive du Parti recevait enfin sa trempe. L'esprit de résolution s'affirmait et, quand il le fallait, c'était une rigueur impitoyable. Sur le front, les sections politiques, avec les détachements de défense et les tribunaux, donnaient une ossature au corps mollasse de la jeune armée. Le changement se manifesta bientôt. Nous reprîmes Kazan et Simbirsk. A Kazan, je reçus de Lénine, qui commençait à guérir de sa blessure, un télégramme de félicitations, à l'occasion des premières victoires remportées sur la Volga.

Peu de temps après, je fis un court séjour à Moscou; avec Sverdlov, je me rendis à Gorki, chez Vladimir Iliitch qui revenait rapidement à la santé mais ne reprenait pas encore son travail à Moscou.

Nous le trouvâmes en excellente humeur. Il nous demanda de longs détails sur l'organisation de l'armée, sur ses dispositions, sur le rôle des communistes, sur le perfectionnement de la discipline. Et il répétait gaiement :

— Voilà, ça c'est bien, c'est parfait. La consolidation de l'armée va se faire sentir dans tout le pays : nous aurons plus de discipline, on sentira mieux les responsabilités...

A partir des mois d'automne, en effet, la transformation fut grande. Rien de cette blanche impuissance qui avait caractérisé le printemps ne subsistait plus. Quelque chose s'était déplacé, fortifié; et il est remarquable que, cette fois-là, la révolution fut sauvée non par un nouveau répit, mais au contraire par un des plus graves dangers : le péril mit à jour dans le prolétariat les sources secrètes de l'énergie révolutionnaire.

Lorsque nous prîmes place, Sverdlov et moi, dans l'auto, Lénine, radieux et plein de vie, se tenait au balcon. Je ne l'avais vu si joyeux que le 25 octobre, à Smolny, lorsqu'il avait appris les premiers succès militaires de l'insurrection.

Nous procédâmes à la liquidation politique des socialistes-révolutionnaires de gauche. Nous nettoyâmes la Volga. Lénine se remit de ses blessures. La révolution grandissait en force et en courage.

VII

Lénine à la tribune

Depuis Octobre, les photographes ont « pris » Lénine bien des fois; il a également été « filmé ». Sa voix a été enregistrée sur les disques du phonographe. Ses discours ont été sténographiés et imprimés. Nous possédons ainsi tous les éléments de Vladimir Ilitch. Mais nous n'avons que des éléments. La vivante personnalité ne se trouve que dans leur combinaison toujours dynamique, qui ne se prête pas à la répétition.

Lorsque j'essaie de me représenter, de réveiller en moi la première impression que donnait Lénine à la tribune, j'aperçois un homme solidement construit, un corps d'une grande souplesse intérieure, et j'entends une voix égale, coulante, très rapide, qui grasseye quelque peu, qui ne s'arrête pas, dont le discours n'a point ou presque point de pauses et qui est, au début, sans particulière intonation.

Habituellement, les premières phrases expriment des idées générales; le ton est celui d'un homme qui tâte son auditoire; le corps de l'orateur semble ne pas avoir encore trouvé son équilibre; le geste manque de précision; le regard est absorbé dans la pensée intérieure; la face est plutôt morose et comme un peu dépitée; l'idée cherche le moyen d'atteindre l'assistance.

Cette période préliminaire dure plus ou moins longtemps, — selon la composition de l'auditoire, selon le sujet traité, selon l'état d'âme de l'orateur.

Mais voici qu'il tombe dans la ligne, dans la rainure. Le thème commence à se dessiner. L'orateur incline en avant la partie supérieure du corps, mettant ses pouces dans les entournures de son gilet. Du coup, à ce double geste, la tête et les bras se portent en avant. La tête ne semble pas bien grosse sur ce corps de petite taille, mais fortement bâti, bien balancé, rythmique. Ce qui semble énorme, c'est le front, ce sont les bosses dénudées du crâne. Les bras sont très mobiles, mais sans nervosité, sans mouvements inutiles. Le poignet est large, les doigts sont courts, la main est plébéienne, vigoureuse. Dans cette main se retrouvent les traits de bonhomie courageuse que l'on retrouve dans l'ensemble de la charpente et qui inspirent confiance.

Pour qu'on s'en aperçoive, cependant, il faut que l'orateur ait eu le temps de s'éclairer du dedans, ce qui arrive lorsqu'il a deviné la malice de l'adversaire ou lorsqu'il a réussi, lui-même, à le faire tomber dans son piège.

Alors, de dessous, de la puissante saillie du front et du crâne, se détachent les yeux de Lénine dont quelque chose est resté dans une assez heureuse photographie de 1919.

L'auditeur, même le plus indifférent, lorsqu'il avait surpris ce regard, se mettait sur ses gardes et attendait la suite. Les pommettes anguleuses s'éclairaient et s'adoucissaient à de tels moments d'une indulgence sagace, derrière laquelle on devinait une grande connaissance des hommes, des rapports sociaux, de la situation, connaissance allant jusqu'à la dernière profondeur. La partie inférieure du visage, au poil roussâtre, grisonnant, restait en quelque sorte dans l'ombre. La voix s'adoucissait, devenait d'une grande souplesse, et, par moments, malicieusement insinuante.

Mais voici que l'orateur introduit dans son discours l'objection supposée d'un contradicteur ou quelque phrase malveillante, tirée d'un article de l'ennemi. Avant même d'avoir disséqué la pensée de l'adversaire, il vous fait comprendre que l'objection manque de base, qu'elle est superficielle, qu'elle est fausse. Il retire ses pouces des entournures du gilet, rejette le corps légèrement en arrière, recule à petits pas, comme pour se donner la place où il prendra de l'élan, et, tantôt ironiquement, tantôt d'un air désespéré, il hausse ses épaules trapues et ouvre les bras, les mains, écartant de façon expressive les pouces.

Il condamne l'adversaire, le tourne en dérision ou le cloue au pilori — selon l'homme à qui il a affaire et selon l'occasion — avant même de l'avoir réfuté.

L'auditeur est comme prévenu, il sait à quel genre de preuve il doit s'attendre et dans quel sens il doit préparer sa pensée.

Ensuite, s'ouvre l'offensive logique. La main gauche se replace soit à l'entournure du gilet, soit, plus souvent, dans la poche du pantalon. La droite suit le mouvement de la démonstration et en marque le rythme. Dans les instants où cela devient nécessaire, la gauche vient à l'aide de la droite. L'orateur fonce sur l'auditoire, atteint le bord de l'estrade, se penche en avant et par des mouvements arrondis des bras travaille sa propre matière verbale. Cela signifie que Lénine est arrivé à l'expression de sa pensée centrale, au point essentiel de tout son discours.

S'il y a des adversaires dans l'auditoire, des exclamations hostiles, des critiques s'élèvent de temps en temps, contre l'orateur. Dans neuf cas sur dix, les interruptions restent sans réponse. L'orateur dira ce qu'il a à dire, pour ceux à qui il croit bon de s'adresser et de la façon qui lui paraît nécessaire. Il n'aime pas à faire des écarts pour répliquer à l'un ou à l'autre. Les trouvailles rapides, au cours du discours, ne sont pas le fait de sa pensée concentrée. Seule, sa voix, après des interruptions hostiles, devient plus âpre, le discours est plus compact, plus pressé, la pensée plus aiguë, le geste plus brusque.

Il ne se saisit de l'exclamation d'un adversaire que dans le cas où cela répond au développement général de sa pensée, quand cela peut l'aider à atteindre plus vite la déduction nécessaire. Mais alors ses répliques sont absolument imprévues par leur simplicité frappante qui assomme sur place. Il met à nu une situation là où l'on s'attendait à le voir plutôt la masquer.

C'est ce qu'ont éprouvé plus d'une fois les menchéviks dans la première période de la révolution, quand ils accusaient le bolchévisme de violer la démocratie et quand ces accusations gardaient encore de leur fraîcheur.

« — Nos journaux sont supprimés! — Bien sûr, mais pas tous encore, malheureusement! Nous les supprimerons bientôt tous. (*Tonnerre d'applaudissements.*) La dictature du prolétariat coupera par la racine cette propagande, empêchera ce honteux trafic de l'opium bourgeois. (*Tonnerre d'applaudissements*). »

L'orateur s'est redressé. Les deux mains sont dans les poches. Il n'y a pas là la moindre apparence de pose, il n'y a pas dans la voix de modulations oratoires; en revanche, il y a dans tout le corps, dans l'attitude de la tête, dans les lèvres serrées, dans les pommettes, dans le timbre imperceptiblement rauque de la voix, une inébranlable assurance en la justesse de ses actes, en la justice de sa cause. « Si vous voulez vous battre, battons-nous, mais comme il faut ».

Quand l'orateur frappe non plus sur l'ennemi mais sur les siens, cela se sent au ton comme au geste. La plus furieuse attaque garde, dans ce cas, le caractère d'un procédé pour « raisonner » les gens. Parfois, la voix de l'orateur s'arrête, se brise sur une haute note : cela se produit quand il dénonce avec violence quelqu'un des siens, quand il veut faire honte, quand il démontre que l'opposant ne comprend absolument rien à la question et qu'il a été incapable de produire « le moindre » motif, de donner « le plus petit » fondement à ses objections. Dans ces « le moindre », dans ces « le plus petit », la voix atteint parfois à la hauteur du fausset, et c'est alors qu'elle se brise en l'air; et, arrivée là, la tirade la plus coléreuse prend une nuance soudaine de bonhomie.

L'orateur a médité d'avance son idée jusqu'au bout, jusqu'à la dernière déduction pratique; l'idée, oui, mais non pas la façon de l'exposer, non pas la forme, à l'exception toutefois de quelques expressions, de quelques « mots » particulièrement concis, précis, savoureux, qui entrent ensuite dans la vie politique du Parti et du pays, comme monnaie sonnante qui a cours partout. La construction des phrases est habituellement lourde, encombrée; une proposition vient s'appliquer, se coucher sur l'autre, ou bien s'enfonce en pointe dans une autre. Pour les sténographes ce genre de construction est une pénible épreuve, et non moins pénible ensuite pour les rédacteurs. Mais, à travers ces phrases massives, la pensée tendue et autoritaire s'ouvre une voie sûre, vigoureusement.

Est-il vrai, pourtant, que celui qui parle est un

marxiste profondément instruit, un théoricien des sciences économiques, un homme d'une immense érudition? On dirait, on croirait, du moins à certains moments, que l'on est en présence plutôt d'un extraordinaire autodidacte qui est arrivé tout seul, par ses facultés naturelles, à comprendre toutes ces choses, qui s'est mis tout cela dans la cervelle, sans aucune instrumentation scientifique, sans aucune terminologie rigoureuse, exposant tout ce qu'il sait à sa manière. D'où vient cela? De ceci que l'orateur, après avoir médité la question pour son propre compte, y a encore réfléchi en se plaçant au point de vue de la masse, en appliquant à sa pensée l'expérience des foules, en débarrassant complètement son exposé de tout l'échafaudage théorique qui lui avait servi pour construire son discours.

Parfois, cependant, l'orateur gravit d'une façon précipitée l'échelle de ses idées, enjambant les marches : il agit ainsi lorsque la conclusion à atteindre lui semble déjà trop claire, trop évidente, lorsqu'il devient pratiquement trop urgent d'y parvenir; lorsqu'il faut y amener les auditeurs aussi vite que possible.

Mais voici qu'il a senti qu'on ne pouvait le suivre, que le lien entre lui et l'auditoire se détendait. Aussitôt, il se reprend, saute en arrière et recommence son ascension, mais, cette fois, d'un pas plus calme, plus mesuré. Sa voix même se modifie, on n'y sent plus l'excès d'intensité du début; elle s'enveloppe de nuances persuasives.

Ce retour en arrière, ce mouvement de va et vient nuit, bien entendu, à la construction du discours. Mais fait-on un discours pour le simple plaisir de le bien construire? A-t-on besoin, dans un discours, d'une autre logique que celle qui déterminera l'action?

Et lorsque l'orateur rejoint à nouveau sa conclusion, accompagné maintenant de tous ses auditeurs, n'ayant abandonné personne en chemin, on a dans la salle comme la sensation physique de son succès, on éprouve la joie reconnaissante qui marque la complète satisfaction de la pensée collective.

Il ne reste plus qu'à frapper deux ou trois fois pour bien indiquer la conclusion, pour lui donner de la vigueur, pour lui laisser une expression simple, éclatante, imagée, pour l'imprimer dans les mémoires; ensuite, on peut s'accorder, à soi-même et aux autres, une pause pour reprendre haleine; on plaisante, on rit; pendant ce temps, la pensée collective ne s'en assimile que mieux l'acquisition qui vient d'être faite.

L'humour oratoire de Lénine est tout aussi simple que ses autres procédés, si l'on peut ici parler de procédés. Mais on ne trouvera pas dans les discours de Lénine ce que l'on appelle « de l'esprit » et encore moins « des pointes »; il a la plaisanterie savoureuse, intelligible pour la masse, populaire dans le véritable sens du mot. Si les circonstances politiques n'inspirent pas d'inquiétude particulière, si l'auditoire se compose en majorité de « fidèles », l'orateur ne répugne pas à un certain « batifolage ». L'auditoire entend avec plaisir telle facétie malicieusement naïve, telle « charge » plaisamment impitoyable; on sent bien qu'il ne s'agit pas seulement de faire des mots et de rire, mais que tout cela conduit au même but.

Lorsque l'orateur recourt à la plaisanterie, la partie inférieure du visage devient plus saillante, surtout la bouche dont le rire est contagieux. Les traits du front et du crâne semblent s'estomper; le regard, cessant de vriller, s'éclaire de gaieté; le grasseyement s'accentue; la tension vigoureuse de la mâle pensée s'amollit en belle humeur, en riante bonhomie.

Dans les discours de Lénine comme dans toutes ses

besognes, le caractère qui se manifeste essentiellement, c'est la tension vers le but. L'orateur ne s'occupe pas de bâtir une harangue; il cherche seulement à conduire vers une conclusion qui appelle des actes.

Il aborde ses auditeurs de diverses façons; il leur explique les choses, il cherche à les convaincre, il vitupère, il plaisante, et il persuade encore, et il explique encore. Ce qui fait l'unité de son discours, ce n'est pas un plan préalablement établi, c'est un but pratique, nettement défini, rigoureusement marqué pour le jour présent, c'est une idée dont la pointe doit entrer et se loger dans l'esprit de l'auditoire.

A cette fin essentielle se subordonne l'humour de Lénine. Sa plaisanterie est utilitaire. Le moindre « mot » piquant a une destination pratique : il faut cingler ceux-ci, il faut réfréner ceux-là. Alors entrent en jeu des expressions qui sont souvent restées dans le vocabulaire de notre politique. Avant d'arriver à jeter son mot, l'orateur décrit quelques cercles préparatoires, comme s'il cherchait le point où se poser. Quand il l'a trouvé, il ajuste la pointe du clou, s'écarte un peu pour mieux voir et, d'un grand geste, assène le premier coup de marteau sur la coiffure qu'il veut percer : un premier coup, puis un autre, puis beaucoup d'autres, — jusqu'à ce que le clou soit bien entré, de telle manière qu'il est souvent très difficile de l'arracher ensuite, quand on n'en a plus besoin. Alors Lénine devra, avec une autre plaisanterie, marteler la tête du clou, de droite et de gauche, pour l'ébranler; et quand il l'aura arraché, pour le jeter à la ferraille des archives, ce sera un gros chagrin pour ceux qui avaient déjà pris l'habitude de cette parure désormais inutile.

Mais voici que le discours arrive à sa fin. Les derniers calculs sont faits, les conclusions sont fortement marquées. L'orateur a l'air d'un ouvrier qui sort épuisé de sa tâche, mais qui est heureux d'avoir mené à bien la besogne. Sur le crâne dénudé où apparaissent des gouttelettes de sueur, il passe, de temps en temps, la main. La voix n'a plus la même véhémence, elle s'éteint, c'est la braise qui achève de se consumer. Il est possible de finir. Mais il ne faut pas s'attendre à cet air de bravoure qui couronne habituellement les discours et sans lequel, semble-t-il, on ne pourrait descendre de la tribune. Une brillante finale est indispensable aux autres; Lénine n'en a pas besoin. Il ne parachève pas ses harangues en professionnel : il termine son travail et met un point. « Si nous comprenons cela, si nous faisons cela, nous vaincrons sûrement...» Telle est souvent sa phrase de conclusion. Ou bien : « Voilà tout ce que je voulais dire... » — et rien de plus. Et ce dernier mot qui est tout à fait selon la nature de l'éloquence de Lénine et selon la nature de Lénine lui-même, ne refroidit nullement l'auditoire. Au contraire, après cette conclusion « sans effet », « grisâtre », la foule semble ressaisir, par une étincelle de pensée, tout ce que Lénine vient de donner dans ses paroles, et c'est alors qu'éclatent les tempêtes de reconnaissance et d'enthousiasme que l'on nomme : applaudissements.

Mais déjà, ramassant en tas ses papiers, Lénine quitte vivement l'estrade pour éviter l'inévitable. Sa tête légèrement rentrée dans les épaules, le menton baissé sur la poitrine, les yeux dissimulés sous les sourcils, tandis que les moustaches se hérissent, d'un air presque colère, sur la lèvre supérieure relevée en une moue de mécontentement. Les salves d'applaudissements et d'acclamations s'élargissent, comme des vagues qui déferlent l'une sur l'autre : « Vive... Lénine... chef... Ilitch... » Sous l'éclat des lampes électriques, scintille en passant ce crâne d'homme unique, fouetté de tous côtés par les flots irrésistibles. Et lorsque, semble-t-il, le tourbillon des enthousiasmes a atteint à son extrême fureur, tout à coup, à travers le grondement, et le roulement, et le clapotement, une voix jeune, vibrante, heureuse, s'élève, comme le cri de la sirène coupant la tempête : *Vive Ilitch!* Et alors, des dernières et tremblantes profondeurs de l'âme collective, de l'amour et de l'enthousiasme populaires, monte en réponse, formidable cyclone, une clameur générale, indéfinissable, indivise, qui secoue les voûtes : *Vive Lénine!*

VIII

Le Philistin et le Révolutionnaire

Dans un des nombreux recueils qui ont été consacrés à Lénine, j'ai remarqué un article de l'écrivain anglais Wells, sous ce titre : *Le Rêveur du Kremlin*.

Les rédacteurs du recueil font observer que « même des esprits avancés, comme celui de Wells, ont été incapables de pénétrer le sens de la révolution prolétarienne qui se produit en Russie ».

Ce n'est pas là, semble-t-il, un motif suffisant pour placer un article de Wells dans un volume dédié au chef de cette révolution. Mais je ne veux pas chercher chicane aux rédacteurs sur ce point : pour moi, j'ai lu non sans intérêt quelques-unes des pages de Wells; non sans intérêt, dis-je, mais on verra plus loin que l'auteur n'y est absolument pour rien.

Je revois nettement l'époque où Wells visita Moscou. C'était pendant l'hiver de famine et de froid de 1920-1921. On sentait dans toute l'ambiance le pressentiment, l'inquiétude des complications que devait amener le printemps. Moscou affamée était ensevelie dans des montagnes de neige. La politique économique était à la veille d'un brusque changement.

Je me rappelle fort bien l'impression que garda Vladimir Iliitch de son entretien avec Wells :

— Quel bourgeois! Quel philistin! — répétait-il,

levant les bras au-dessus de son bureau, riant et soupirant, avec ce rire et ces soupirs qui exprimaient en lui une certaine honte secrète éprouvée pour autrui.

— Ah! quel philistin! — répétait-il, revivant sa conversation.

Quand il me disait cela, c'était au moment où la séance du Bureau Politique allait s'ouvrir; et, en somme, Lénine se borna à répéter plusieurs fois l'appréciation sur Wells que je viens de donner. Mais cela suffisait largement.

Je n'avais pas beaucoup lu Wells, à vrai dire, et je ne l'avais jamais vu. Mais de ce socialiste de salon de la *Fabian Society*, de ce littérateur de haute fantaisie et d'utopie, qui venait jeter un coup d'œil sur les expériences du communisme, je me faisais une idée assez claire. Et l'exclamation de Lénine, et surtout le ton dont elle était faite, complétaient sans difficulté mon impression.

Et voici qu'un article de Wells, introduit par des voies quasi-providentielles dans le recueil de Lénine, réveillait en ma mémoire ce cri : « Quel philistin! », l'emplissant d'un vivant contenu. Car si Lénine est à peu près absent de l'article de Wells sur Lénine, en revanche, vous trouvez là Wells en personne.

Commençons par le commencement, par cette plainte de Wells qui lui sert d'entrée en matière : le pauvre a été obligé, — voyez-vous cela! — de faire de longues démarches pour obtenir une entrevue avec Lénine; et il en a été « extrêmement énervé ». Et pourquoi donc, je vous prie? Lénine avait-il fait appel à Wells? S'engageait-il à le recevoir? Avait-il donc du temps à perdre?

Au contraire, en ces dures journées d'alors, chaque minute de son temps était prise et comptée; il ne lui était pas facile de trouver une heure pour recevoir Wells. Un étranger même aurait dû le comprendre sans peine.

Mais par malheur, Wells, en sa qualité d'illustre étranger, et, malgré tout son « socialisme » d'Anglais très conservateur et de coupe impérialiste, était tout pénétré de cette assurance qu'en visitant Lénine il faisait grand honneur au chef, ainsi qu'à son pays barbare.

De la première ligne à la dernière, on sent à plein nez cette suffisance peu justifiée.

La description psychologique de Lénine commence, ainsi qu'il fallait s'y attendre, par une grande découverte, par une révélation. Sachez que Lénine « n'est pas du tout un homme de lettres ».

Et en effet, qui pourrait décider là-dessus mieux que Wells, professionnel de littérature?

« Les courts et violents pamphlets qui paraissent à Moscou sous sa signature (!) sont pleins de considérations fausses sur la psychologie des ouvriers de l'Occident!... Ils expriment fort peu le fond réel de la pensée de Lénine ».

L'honorable gentleman, bien entendu, ignore que Lénine est l'auteur d'un grand nombre d'ouvrages d'une importance capitale sur la question agraire, sur les théories économiques, sur la sociologie et la philosophie.

Wells ne connaît qu'un certain nombre de « courts et violents pamphlets »; il fait observer qu'ils paraissent « sous la signature de Lénine », donnant par là à entendre qu'ils sont écrits par d'autres. Quant « au fond véritable de la pensée de Lénine », on ne le trouvera pas dans les dizaines de tomes dont il est l'auteur, mais bien dans la conversation d'une heure à laquelle a condescendu généreusement le très illustre et très savant voyageur de la Grande-Bretagne.

On pouvait du moins espérer de Wells qu'il saurait dépeindre d'une façon intéressante la physionomie de Lénine, et s'il avait donné un peu de relief à son croquis, nous aurions pu lui pardonner toutes les platitudes inspirées par son socialisme de *Fabian Society* (1). Mais il n'y a pas l'ombre de cela dans l'article.

« Lénine a un visage agréable, basané (!), dont l'expression change constamment; il a un vif sourire... »

« Lénine ressemble fort peu à ses photographies... »

« Il gesticulait un peu pendant la conversation... »

Au delà de ces formules banales d'un reporter exercé à remplir les colonnes des journaux bourgeois, Wells n'a rien su dire.

Au surplus, il a encore découvert que le front de Lénine rappelle le crâne allongé et légèrement asymétrique d'Arthur Balfour, et que Lénine, dans son ensemble, « est un tout petit homme : quand il est assis sur le bord de sa chaise, ses pieds touchent à peine le plancher ».

En ce qui concerne le crâne d'Arthur Balfour, nous ne pouvons rien dire de ce vénérable objet et nous admettons volontiers qu'il est allongé. Mais, pour tout le reste, quelle indécente impropriété de termes! Lénine avait les cheveux d'un blond roussâtre; il est par conséquent impossible de lui prêter un teint « basané ». Il était de taille moyenne, peut-être même légèrement au-dessous de la moyenne; mais qu'il produisît l'impression d'un « tout petit homme » qui, étant assis, atteignait à peine le plancher, cela n'a pu sembler qu'à Wells qui arrivait en

(1) La *Fabian Society* groupe en Angleterre des intellectuels socialistes; elle a reçu d'eux-mêmes ce nom en l'honneur de Fabius Cunctator (le Temporisateur).

Gulliver de la civilisation dans le Nord peuplé de communistes lilliputiens.

Wells a aussi noté que Lénine, pendant les silences de la conversation, a l'habitude de relever d'un doigt une de ses paupières :

« Cette habitude, — observe le pénétrant écrivain, — provient peut-être d'un défaut de vue. »

Nous connaissons ce geste. Lénine le faisait quand il avait devant lui un étranger, un homme avec lequel il ne se sentait rien de commun : Lénine jetait alors un vif regard sur le personnage à travers les doigts d'une main placée en visière devant le front. Le « défaut de vue » de Lénine était en ceci qu'il lisait alors dans la pensée de son interlocuteur, qu'il discernait sa suffisance emphatique et bornée, son outrecuidance et son ignorance de « civilisé », et qu'ensuite, tout pénétré de cette image, il dodelinait de la tête et répétait : « Quel philistin! Quel monstre de petit-bourgeois! »

Le camarade Rothstein assistait à l'entretien, et Wells, en passant, fait une découverte admirable : selon lui, la présence de ce témoin « caractérise la situation actuelle en Russie »; Rothstein, écoutez ça et tenez-vous bien, contrôle Lénine, au nom du Commissariat des Affaires Etrangères, en raison de l'excessive sincérité de Lénine et de son imprudence de rêveur. Que dire de cette observation qui n'a pas de prix? En entrant au Kremlin, Wells apportait, dans son esprit, toute l'ordure journalistique brassée par la bourgeoisie internationale; son œil perspicace — sans « défaut », bien entendu! — découvrait dans le cabinet de Lénine tout ce qu'il avait retiré de la lecture du *Times* ou d'un autre réservoir de commérages dévotieux et gracieux.

Mais que fut donc cette conversation? A ce sujet, Wells ne nous transmet guère que des lieux communs sans valeur, qui nous montrent combien pitoyable, indigent est le reflet de la pensée de Lénine dans des crânes dont nous n'avons pas d'ailleurs à contester la symétrie.

Wells était venu avec cette idée qu'il « aurait à discuter avec un doctrinaire marxiste convaincu, mais il en a été tout autrement ». Cela ne saurait nous étonner. Nous savons déjà que « le fond de la pensée de Lénine » s'est découvert non pas dans cette période de plus de trente ans que remplit son activité politique, son activité d'écrivain, mais bien dans une conversation avec un brave bourgeois anglais. « On m'avait affirmé, — continue Wells, — que Lénine aimait à donner des leçons, mais il s'en est dispensé avec moi ». Et comment, en effet, donner une leçon à un gentleman tout rempli du haut sentiment de sa dignité? D'une manière générale, il n'est pas vrai de dire que Lénine ait aimé à donner des leçons. Ce qui est juste, c'est qu'il savait parler d'une façon très instructive. Mais il ne parlait ainsi que quand il estimait son interlocuteur capable de s'instruire en quelque chose. Dans ce cas, il ne ménageait ni son temps, ni ses efforts. Mais devant le merveilleux Gulliver qui se trouvait, par la grâce du hasard, dans le cabinet du « petit homme », Lénine, après deux ou trois minutes de conversation, dut acquérir cette conviction que doit inspirer l'entrée de l'Enfer : « Laissez toute espérance... »

Il fut question des grandes villes. Wells, en Russie, avait eu pour la première fois, comme il l'avoue, cette remarquable idée que l'aspect des grandes villes dépend surtout du trafic des magasins et des marchés. Il fit part de cette découverte à son interlocuteur. Lénine « reconnut » qu'en régime communiste, les villes devaient considérablement diminuer d'étendue. Wells « indiqua » à Lénine que la restauration des villes exigerait un travail formidable, et qu'un bon nombre des plus grands édifices de Pétrograd ne conserveraient que la valeur de monuments historiques. Lénine tomba d'accord sur cette incomparable conclusion de Wells.

« Il me semble — ajoute ce dernier — qu'il lui fut agréable de causer avec un homme qui comprenait les inévitables conséquences du collectivisme, conséquences qui échappent à la compréhension de nombre de ses sectateurs ».

Vous avez là la hauteur du niveau de Wells.

Il considère comme le résultat de son extraordinaire perspicacité cette découverte qu'en régime communiste, les énormes concentrations urbaines d'aujourd'hui doivent disparaître et que bien des monstres de l'architecture capitaliste d'à présent n'auront plus que la valeur de monuments historiques (si toutefois ils ne méritent pas l'honneur d'être détruits).

Comment, en effet, de pauvres communistes (ces « fastidieux fanatiques de la lutte de classes », comme les appelle Wells) arriveraient-ils à de pareilles découvertes, — qui ont, il est vrai, été expliquées depuis longtemps, dans un commentaire de popularisation ajouté à l'ancien programme de la social-démocratie allemande? Nous ne dirons pas, — il ne faut pas écraser les gens, — que tout cela était connu des utopistes classiques du socialisme.

Vous comprenez maintenant, j'espère, pourquoi Wells, au cours de la conversation, « n'a pas du tout remarqué » ce fameux rire de Lénine dont on lui avait tant parlé : il est évident que Lénine n'avait pas envie de rire. Je crains même que son mouvement réflexe ne l'ait porté à une extrémité tout autre que celle du rire. Mais Ilitch dut alors se servir de sa main si mobile et si intelligente qui, toujours, savait cacher à temps à un interlocuteur trop occupé de lui-même un bâillement incivil.

Comme nous l'avons déjà vu, Lénine ne donna aucune leçon à Wells pour des raisons que nous estimons tout à fait satisfaisantes. En revanche, Wells ne mit que plus d'insistance à instruire Lénine. Il s'appliqua à lui faire comprendre cette idée absolument neuve que, pour le succès du socialisme, « il ne suffisait pas de reconstruire le côté matériel de l'existence, mais qu'il fallait transformer la psychologie de tout le peuple ». Il fit savoir à Lénine que « les Russes, par nature, étaient des individualistes et des commerçants ». Il lui expliqua que le communisme « allait trop vite » et qu'il détruisait avant de pouvoir construire, et autres vérités dans ce genre.

« Cela nous amena, — raconte Wells, — au point essentiel où nous nous trouvâmes séparés, c'est-à-dire que nous établîmes une différence entre le collectivisme évolutionniste et le marxisme ».

Par collectivisme évolutionniste, il faut entendre une bouillie au goût de la *Fabian Society*, dans laquelle entrent du libéralisme, de la philanthropie, une législation sociale aussi économe de ses moyens que possible et des méditations du dimanche sur un meilleur avenir.

Wells lui-même formule l'essence de son collectivisme évolutionniste de la manière suivante :

« Je crois que, par la voie d'un système régulièrement établi d'éducation de la société, le capitalisme actuel peut se civiliser et se transformer en un régime collectif ».

Wells lui-même se dispense de nous dire qui se chargera d'appliquer « un système d'éducation » et à qui ce système sera régulièrement appliqué : faut-il penser que les lords au crâne allongé établiront leur système sur le prolétariat anglais, ou bien, au contraire, que le prolétariat passera sur les crânes des lords? Oh! non, tout ce qu'on voudra, sauf cette dernière solution! A quoi serviraient les membres instruits de la *Fabian Society*, des hommes de pensée, d'imagination désintéressée, des gentlemen et des ladies, Mr. Wells et Mrs. Snowden, si ce n'est à civiliser la société capitaliste en produisant, d'une façon régulière et systématique, ce qui se cache sous leurs crânes; à quoi, si ce n'est à transformer cette société en un Etat collectiviste d'une façon progressive, si raisonnable et si heureuse que même la dynastie royale de Grande-Bretagne ne s'en aperçoive pas?

Voilà ce que Wells expliquait à Lénine; et Lénine dut entendre tout cela.

« Pour moi, — remarque Wells avec mansuétude, — ce fut véritablement un délassement (!) que de m'entretenir avec cet extraordinaire petit homme ».

Mais pour Lénine? Quelle épreuve de patience! A part lui, sans doute, il proféra quelques mots russes très expressifs et fort savoureux. Il s'abstint de les traduire en anglais, non seulement parce que son vocabulaire, en anglais, ne devait pas aller si loin, mais aussi pour des raisons de politesse. Iliitch était très poli. Mais il ne put se borner à un silence courtois.

« Il fut forcé, — raconte Wells, — de me répliquer que le capitalisme moderne est incurablement rapace et prodigue, et qu'il est impossible de lui apprendre quoi que ce soit ».

Lénine cita un certain nombre de faits qui sont d'ailleurs relevés dans le nouveau livre de Money : le capitalisme a détruit les wharfs nationaux anglais, il n'a pas permis d'exploiter raisonnablement les mines de charbon, etc... Iliitch connaissait la langue des faits et des chiffres.

« Je l'avoue, — conclut tout à coup M. Wells, —

il m'était très difficile de discuter avec lui ». Qu'est-ce que cela signifie? N'est-ce pas le commencement de la capitulation du collectivisme évolutionniste devant la logique du marxisme? Non, pas du tout. « Laissez toute espérance... » Cette phrase qui semble d'abord inattendue ne vient pas par hasard; elle fait partie d'un système; elle a un sens rigoureusement conforme à l'esprit de la *Fabian Society*, du collectivisme d'évolution, de la pédagogie anglaise. Elle est faite pour servir les capitalistes, les banquiers, les lords et leurs ministres anglais. Wells leur dit : Vous voyez, vous vous conduisez si mal, vous détruisez tant de choses, vous êtes si intéressés, que moi, dans une discussion avec le rêveur du Kremlin, j'ai bien de la peine à défendre le principe de mon collectivisme évolutionniste. Soyez plus raisonnables, faites chaque semaine vos ablutions selon le rite de la *Fabian Society*, civilisez-vous, marchez dans la voie du progrès...

Le maussade aveu de Wells ne marque donc pas un début d'auto-critique; il poursuit simplement ce travail d'éducation de la société capitaliste dont nous avons vu les procédés perfectionnés, les principes moraux et « fabianisés » mis en application après la guerre, et notamment par la paix de Versailles.

C'est d'un ton protecteur que Wells semble approuver Lénine quand il déclare : « Sa foi en sa cause est illimitée ». Voilà qui est en effet indiscutable. Lénine avait une provision de foi absolument suffisante. C'est juste comme de dire que deux et deux font quatre. Cette foi inébranlable lui donnait même la patience de converser, pendant les terribles mois du blocus, avec tout étranger qui pouvait servir de lien même indirect entre la Russie et l'Occident.

C'est ainsi que Lénine s'entretenait avec Wells. Il parlait un tout autre langage quand il recevait des ouvriers anglais. Il entrait avec eux en vivante communion. Il enseignait alors et il s'instruisait en même temps. Mais avec Wells la causerie ne pouvait avoir qu'un caractère diplomatique un peu forcé.

« L'entretien se termina sur de vagues généralités », — note l'écrivain anglais. En d'autres termes, la partie jouée entre le collectivisme évolutionniste et le marxisme s'achevait sur un coup nul. Wells rentrait en Grande-Bretagne; Lénine restait au Kremlin. Wells rédigeait pour son public bourgeois une « correspondance » toute empreinte de sa fatuité; Lénine, dodelinant de la tête, répétait : « En voilà un bourgeois! Ah-la-la! quel philistin! »

On me demandera peut-être pourquoi, dans quel but, je me suis arrêté, après quatre ans écoulés, sur cet insignifiant article de Wells. Que l'article ait été reproduit dans un des recueils consacrés à la mémoire de Lénine, ce n'est certainement pas une raison suffisante. Je ne puis me justifier non plus en disant que j'ai écrit ceci à Soukhoum, où je me trouvais en traitement. Mais j'avais, pour le faire, des motifs plus sérieux.

Actuellement, ne voyons-nous pas au pouvoir, en Angleterre, le parti de Wells qui est dirigé par les représentants hautement éclairés du collectivisme évolutionniste? Et j'ai cru voir, peut-être assez justement, que l'article de Wells consacré à Lénine nous dévoilait, mieux que toute autre chose, l'âme secrète des dirigeants du parti ouvrier anglais : en fin de compte, Wells n'est pas le dernier d'entre eux.

Combien retardent ces gens-là, traînant le fardeau de plomb des préjugés bourgeois! Leur présomption vaniteuse, — ce qui reste du grand rôle joué autrefois par la bourgeoisie anglaise, — ne leur permet pas de réfléchir, comme ils le devraient, à l'existence des autres peuples, aux nouveaux mouvements d'idées, à la course de l'histoire qui passe par-dessus leurs têtes. Bornés, routiniers, empiriques, aveuglés par les œillères qu'applique à l'opinion la société bourgeoise, ces messieurs promènent par le monde leurs importantes personnes et leurs préjugés, et ils ont le talent de n'apercevoir qu'eux-mêmes dans tout ce qui les entoure.

Lénine a vécu dans tous les pays de l'Europe, il a appris les langues étrangères, il a lu, étudié, écouté, pénétré, comparé, généralisé.

Quand il s'est trouvé à la tête d'une grande révolution, il n'a pas laissé perdre une occasion de se renseigner soigneusement, consciencieusement; il a interrogé les hommes, les faits. Il n'était jamais las de suivre par la pensée l'existence du monde entier. Il lisait et parlait couramment l'allemand, le français, l'anglais; il lisait l'italien. Dans les dernières années de sa vie, écrasé de travail, il trouvait la possibilité, aux séances du Bureau Politique, d'étudier en cachette la grammaire tchèque, pour être en mesure de comprendre plus immédiatement le mouvement ouvrier de Tchéco-Slovaquie; nous l'y avons quelquefois « attrapé », et il en riait et cherchait à s'en justifier, non sans confusion...

Mais voici Wells devant lui, Wells qui incarne cette race de petits-bourgeois faussement cultivés, infiniment bornés, qui ont des yeux pour ne pas voir, qui ne croient pas utile d'apprendre quoi que ce soit, car ils sont en possession d'un bel héritage de préjugés.

Et, d'autre part, M. Mac Donald, qui représente le même type sous l'espèce plus grave et plus maussade du puritain, tranquillise l'opinion publique bourgeoise : nous avons combattu contre Moscou et nous avons vaincu. Ils ont vaincu Moscou? En vérité, voilà de pauvres « petits hommes », bien qu'ils soient hauts de taille! Jusqu'à présent, après tout ce qui s'est passé, ils ne savent pas même prévoir leur lendemain. Les hommes d'affaires du libéralisme et du parti conservateur manœuvrent sans peine ces pédants socialistes « de l'évolution » qui sont au pouvoir; ils les compromettent et préparent sciemment leur chute, non pas seulement la chute de leur ministère, mais leur effondrement politique. Et pourtant ils préparent aussi, mais cela sans trop s'en douter, l'arrivée au pouvoir des marxistes anglais. Oui, parfaitement, des marxistes, de ces « fastidieux fanatiques de la lutte de classes »... Car la révolution sociale en Angleterre s'accomplira également selon les lois définies par Karl Marx.

Wells, avec un humour qui lui est particulier et qui a la lourdeur du pudding, menaçait un jour de prendre ses grands ciseaux et de tondre Marx, de lui enlever sa chevelure et sa barbe de « doctrinaire », de l'angliciser, de le respectabiliser, de le fabianiser. Mais il en est resté là, ce n'est pas un Wells qui pourra changer Marx. Et Lénine restera également Lénine après avoir subi pendant une heure l'épreuve du rasoir de Wells. Et nous avons la hardiesse d'affirmer que dans un avenir qui n'est pas tellement éloigné, on pourra voir s'élever à Londres, par exemple à Trafalgar-Square, deux figures de bronze, l'une à côté de l'autre : Karl Marx et Vladimir Lénine. Et les prolétaires anglais diront à leurs enfants : « Quel bonheur que ces petits hommes du Labour Party n'aient pas réussi à tondre ni à raser ces deux géants! »

En attendant ce jour, que je tâcherai de voir, je ferme pour un instant les yeux et j'aperçois nettement l'image de Lénine, dans le fauteuil où il se trouvait devant Wells, et j'entends cette parole qui fut prononcée le lendemain ou le jour même de l'entrevue avec l'écrivain anglais, cette parole qui fut dite avec une sorte de geignement, et avec tant de bonhomie : « Quel bourgeois! Quel philistin! »

6 *avril* 1924.

IX

Du vrai et du faux sur Lénine

(A propos du portrait de Lénine par Gorky)

« Il est difficile de tracer son portrait », déclare Gorky, parlant de Lénine. C'est juste. Ce que Gorky a écrit de Lénine est très faible. Le tissu de sa description semble fait des éléments les plus divers. Parfois, on distingue un fil plus brillant que les autres, on discerne de la pénétration artistique. Mais les fils d'une banale analyse psychologique sont beaucoup plus nombreux, et l'on aperçoit constamment le moraliste de toute petite bourgeoisie. Dans l'ensemble, le tissu n'est pas bien beau. Mais comme le tisserand est Gorky, on examinera son œuvre longtemps encore. Voilà pourquoi il faut en parler. Peut-être y trouverons-nous l'occasion de mieux mettre en valeur ou d'observer certains traits, grands ou petits, de la figure de Lénine.

Gorky a raison de dire que Lénine « est une incarnation de la volonté tendue vers le but, d'une stupéfiante perfection ». *La tension vers le but* de Lénine, c'est là son trait essentiel; nous en avons déjà parlé et nous en parlerons encore; mais lorsque Gorky, un peu plus loin, met Lénine au nombre des « justes », etc., cela sonne faux et c'est de mauvais goût. Cette expression de « juste », empruntée à l'Eglise, au langage des sectaires religieux, sentant son carême et l'huile des lampes sacrées, ne convient pas du tout à Lénine. C'était un grand homme, un géant magnifique, et rien d'humain ne lui était étranger. Dans un congrès des Soviets, on vit monter à la tribune un représentant assez connu d'une secte religieuse, un communiste chrétien (ou quelque chose dans ce genre), très débrouillard et madré, qui, aussitôt, entonna une antienne en l'honneur de Lénine, le disant « paternel » et « nourricier ».

Je me rappelle que Vladimir Iliitch, qui était assis à la table du Bureau, releva la tête, presque effrayé, ensuite se tourna légèrement et nous dit à mi-voix, d'un ton furieux, à nous, ses plus proches voisins :

— Qu'est-ce que c'est encore que ces malpropretés?

Le mot «malpropretés» lui échappa d'une façon tout à fait inattendue, comme malgré lui, mais il n'en était que plus juste. Un rire intérieur me secouait, je me délectais de cette incomparable appréciation de Lénine, tellement spontanée, sur les louanges de l'orateur très chrétien. Eh bien, le « juste » de Gorky a quelque chose de commun avec le « père nourricier » de l'homme d'Eglise. C'est, si vous le permettez, dans une très légère mesure, « une malpropreté ».

Ce qui suit est encore plus mauvais :

« Pour moi, Lénine est un héros de légende, un homme qui a arraché de sa poitrine son cœur brûlant pour l'élever comme un flambeau et éclairer le chemin des hommes... »

Brr... Que c'est mauvais! Cela rappelle tout à fait la vieille Izerghil (c'est ainsi, ce me semble, que s'appelait cette sorcière qui intéressa notre jeunesse), c'est dans le genre de son histoire sur le Tzigane Danko. Je crois ne pas me tromper dans mes souvenirs : on voit aussi, dans ce conte, un cœur qui se transforme en flambeau. Mais cela, c'est une autre chanson, c'est de l'opéra... Je dis bien : de *l'opéra* : avec des décors empruntés aux paysages du Midi, avec un éclairage de feux de Bengale, avec un orchestre de Tziganes.

Or, dans la personne, dans la figure de Lénine, il n'y a rien qui rappelle un opéra, et encore moins le romantisme des Bohémiens nomades. Lénine est un homme de Simbirsk, de « Piter », de Moscou, du monde entier, — un rude réaliste, un révolutionnaire professionnel, un destructeur du romantisme, de tout le faux théâtral, de la bohème révolutionnaire; il ne peut avoir aucune parenté avec Danko, ce héros de la fable. Ceux qui ont besoin de modèles de l'esprit révolutionnaire empruntés aux romances des Tziganes doivent les chercher dans l'histoire du parti des socialistes-révolutionnaires!

Et Gorky dit encore, trois lignes plus loin :

« Lénine était simple et droit comme tout ce qu'il disait ».

S'il en était ainsi, pourquoi se l'imaginer arrachant de sa poitrine son cœur enflammé? Il n'y aurait dans ce geste aucune simplicité, aucune franchise... Mais ces deux mots « simple et droit » ne sont pas très heureusement choisis; c'est vraiment trop de naïveté et trop de sincérité. On dit cela d'un honnête garçon, d'un brave soldat, qui déclare bonnement la vérité telle qu'elle est. Ce sont là des termes qui ne conviennent pas à Lénine, de quelque façon qu'on les prenne.

Certes, il était d'une simplicité géniale dans ses décisions, dans ses conclusions, dans ses méthodes, dans ses actes : il savait rejeter, repousser, mettre à l'arrière-plan tout ce qui n'avait pas une importance réelle, tout ce qui n'était que de l'accessoire ou du clinquant; il savait dépouiller une question, la réduire à ses justes termes, en sonder le fond.

Mais cela ne veut pas dire qu'il était tout uniment « simple et droit ». Encore moins cela devrait-il signifier que sa pensée allait « en ligne droite », comme l'affirme ailleurs Gorky : expression des plus regrettables, digne en tous points d'un petit-bourgeois et d'un menchévik.

A ce sujet, je me rappelle soudain la définition du jeune écrivain Babel : « la courbe complexe décrite par la ligne droite de Lénine ».

Cela, c'est une vraie explication, malgré les apparences, malgré l'antinomie et la subtilité quelque peu recherchée des termes assemblés. Cela vaut en tout cas beaucoup mieux que « la ligne droite » si sommaire de Gorky.

L'homme tout uniment « simple et droit » marche tout droit vers son but. Lénine marchait et conduisait vers un but toujours le même par une route pleine de complications, par des voies quelquefois très détournées.

Enfin, ce rapprochement de termes « simple et droit » n'exprime pas du tout l'incomparable malice de Lénine, sa prompte et étincelante ingéniosité, la passion de virtuose qu'il éprouvait à faire tomber l'adversaire par un croc-en-jambe ou à l'attirer dans son piège.

Nous avons parlé de la tension de Lénine vers le but poursuivi : il convient d'insister là-dessus. Un critique a cru découvrir une vue profonde en m'expliquant que Lénine ne se distinguait pas seulement par sa tension vers le but, mais aussi par son habileté à la manœuvre; ce critique me reprochait d'avoir donné, dans le portrait que j'ai fait de Lénine, une rigidité de pierre à ce grand homme, aux dépens de la souplesse.

Celui qui a voulu me faire ainsi la leçon, tout en s'y prenant autrement que Gorky, n'a pas compris la valeur relative des termes employés.

On devrait en effet se mettre bien dans la tête que « la tension vers le but » n'indique pas nécessairement une conduite « en ligne droite ».

Et quel prix pourrait avoir la souplesse de Lénine sans cette tension qui ne se relâche pas une minute?

On trouvera dans le monde autant que l'on voudra de souplesse politique : le parlementarisme bourgeois est une excellente école où les politiciens s'entraînent constamment à plier l'épine dorsale. Si Lénine a fréquemment raillé « la ligne droite des doctrinaires », il n'a pas moins souvent exprimé son mépris pour les gens trop souples, qui s'inclinent non point toujours et nécessairement devant un maître bourgeois, non point toujours dans un but intéressé, — mais disons : devant l'opinion publique, devant une situation difficile, — cherchant la ligne de la moindre résistance.

Tout le fond de Lénine, toute sa valeur intime est en ceci qu'il a inlassablement poursuivi un but unique, dont l'importance le pénétrait à tel point qu'il semblait incarner lui-même cette fin dernière et ne pas la distinguer de lui-même. Il ne considérait et ne pouvait considérer les gens, les livres, les événements qu'en fonction de cet unique but de son existence.

Il est bien difficile de définir un homme d'un seul mot; dire qu'il fut « grand » ou qu'il fut « génial », ce n'est encore rien dire. Mais si l'on était obligé d'expliquer Lénine très brièvement, je voudrais marquer qu'il fut avant tout *tendu vers son but*.

Gorky note le charme séducteur du rire de Lénine.

« Le rire d'un homme qui, discernant admirablement la lourdeur de la sottise humaine et les manèges acrobatiques de la raison, savait aussi faire ses délices de la naïveté puérile des simples de cœur ».

Bien que ceci soit exprimé avec une certaine recherche, c'est juste dans son essence.

Lénine aimait à rire des imbéciles et des malins qui cherchaient à faire de l'esprit; et il riait avec une indulgence que justifiait assez sa formidable supériorité. Dans l'intimité de Lénine, on riait quelquefois avec lui sans rire pour le même motif... Mais le rire des masses s'accordait toujours avec le sien. Il aimait aussi les simples de cœur, si l'on se sert de la parole évangélique. Gorky nous raconte comment, à Capri, Lénine, en compagnie des pêcheurs italiens, apprenait à se servir de la ligne de mer (tenue au doigt); les braves gens lui expliquèrent qu'il devrait « ferrer » dès que la ligne ferait « drine-drine »; aussitôt que Lénine eut attrapé son premier poisson et qu'il le sentit venir, accroché à l'hameçon, il s'écria avec une joie d'enfant, avec un enthousiasme de véritable amateur :

— Ah! ah! « drine-drine! »

Voilà qui est bien! Voilà vraiment une parcelle toute vive de Lénine. Cette passion, cet entrain, cette tension de tout l'homme pour atteindre son but, pour « ferrer », pour saisir la proie, — ah! ah! drine-drine! vous y voilà, la belle! — tout cela diffère bien de ce « juste » de carême, de ce « père nourricier » dont on nous avait parlé; c'est Lénine en personne, dans une partie de lui-même. Lorsque Lénine, attrapant un poisson, crie son enthousiasme, nous devinons le vif amour qu'il portait à la nature, comme à tout ce qui est proche de la nature, comme aux enfants, aux animaux, à la musique. Cette puissante machine pensante était toute proche de ce qui reste en dehors de la pensée, en dehors d'une recherche consciente; elle était toute proche de l'élément primitif et indicible. Ce merveilleux indicible s'exprime par le « drine-drine ». En raison de ce petit détail significatif, il est permis, je crois, de pardonner à Gorky un bon quart des banalités qu'il a répandues dans tout son article. Plus loin, nous verrons pourquoi l'on ne peut lui en pardonner davantage...

« Il caressait les enfants avec douceur, — nous dit Gorky, — avec des gestes d'une légèreté, d'une délicatesse toutes particulières ».

Cela aussi est bien dit; cela nous montre cette tendresse d'homme qui respecte la personne physique et morale de l'enfant; — de même pourrait-on parler de la poignée de main de Lénine : elle était forte et douce.

Sur l'intérêt qu'éveillaient les bêtes en Lénine, je me rappelle l'épisode suivant :

Nous nous étions réunis à Zimmerwald en commission pour élaborer un manifeste. Nous tenions séance en plein air, autour d'une table ronde de jardin, dans un village de la montagne. Non loin de nous se trouvait, sous un robinet, une grande cuve pleine d'eau. Peu de temps avant la réunion (qui eut lieu de bonne heure, le matin), plusieurs délégués étaient venus se laver à ce robinet. J'avais vu Fritz Platten plonger sa tête et son corps jusqu'à la ceinture dans l'eau, comme s'il voulait se noyer, au grand ébahissement des membres de la conférence.

Les travaux de la commission avaient pris une allure pénible. Il y avait des frottements en diverses directions, mais surtout entre Lénine et la majorité. Survinrent alors deux beaux chiens : de quelle race, je ne saurais le dire; à cette époque, je ne m'y connaissais pas du tout. Ils appartenaient sans doute au propriétaire de l'habitation, car ils se mirent à jouer tranquillement sur le sable, sous le soleil matinal. Vladimir Iliitch, brusquement, quitta sa chaise, mit un genou en terre et se mit à chatouiller, en riant, l'un et l'autre chien, le long du ventre, avec des gestes légers, délicatement attentifs, selon l'expression de Gorky. Ce mouvement avait été tout spontané de sa part; on aurait presque envie de dire qu'il agissait en gamin, et son rire était insouciant, puéril. Il jeta un regard du côté de la commission, comme s'il voulait inviter les camarades à prendre part à cette belle récréation. Il me semble qu'on le regardait avec un certain étonnement : chacun était encore préoccupé par la discussion sérieuse. Lénine cajola encore les bêtes, mais avec plus de calme, puis revint vers la table et déclara qu'il ne signerait pas un pareil manifeste. La querelle reprit avec une nouvelle violence. Il est très possible, me dis-je à présent, que cette « diversion » lui ait été nécessaire pour résumer en sa pensée les motifs d'acceptation et de refus et prendre une décision. Mais il n'avait pas agi par calcul : le subconscient travaillait en lui en pleine harmonie avec le conscient.

Gorky admirait en Lénine « cette fougue juvénile qu'il infusait à tout ce qu'il faisait ». Cette fougue était disciplinée, dominée par une volonté de fer, de même qu'un torrent impétueux est maîtrisé par le granit de la montagne; — Gorky ne nous le dit pas; — mais sa définition n'en reste pas moins juste : il y avait précisément en Lénine une fougue juvénile. Et l'on y reconnaissait en effet « cet exceptionnel » entrain spirituel qui n'est propre qu'à un homme inébranlablement convaincu de sa vocation ».

Voilà qui est encore juste et pénétrant. Mais ce langage vieillot, débile, que l'on nous tenait tout à l'heure, cet état de sainteté dont on nous parlait, ou bien encore cet « ascétisme » (!), cet « héroïsme monacal » (!!) dont il est question ailleurs ne s'accordent guère avec la fougue juvénile : l'un à l'autre s'opposent comme le feu et l'eau. « L'état de sainteté », « l'ascétisme » se manifestent quand un homme se met au service d'un « principe supérieur », domptant ses penchants, ses passions personnelles. L'ascète est intéressé; il calcule, il espère une récompense. Lénine, dans son œuvre historique, se réalisait lui-même, tout entier et jusqu'au bout.

« Les yeux d'omniscient du grand malin », — cela n'est pas mal, bien que grossièrement formulé. Mais comment concilier ce regard d'omniscient avec la « simplicité » et « la franchise », et surtout avec « la sainteté » ?

« Il aimait les choses drôles, — raconte Gorky, — et il riait de tout son corps, véritablement « inondé » de gaieté, parfois jusqu'aux larmes ».

C'est vrai, et tous ceux qui ont eu des entretiens avec lui s'en sont aperçus. Dans certaines réunions où l'on se trouvait en petit nombre, il lui arrivait d'être pris d'un fou rire, et cela non seulement aux époques où les choses marchaient bien, mais même en des périodes extrêmement pénibles. Il essayait de se retenir le plus longtemps possible, mais, en fin de compte, il pouffait et la contagion de son rire se transmettait aux autres; lui tâchait de ne pas attirer l'attention, de ne pas faire de bruit, se cachant presque sous la table pour éviter le désordre.

Cette folle hilarité s'emparait de lui surtout quand il était fatigué. D'un geste habituel, la main battant l'air du haut en bas, il semblait repousser loin de lui la tentation. Mais en vain. Et il ne reprenait possession de lui-même qu'en regardant fixement sa montre, toutes ses forces intérieures tendues, se détournant par prudence de tous les regards, affectant un air de sévérité, rétablissant avec une roideur forcée l'ordre que doit maintenir un président.

En de pareils cas, les camarades se faisaient comme un point d'honneur de surprendre à la dérobée le regard du « speaker » et de provoquer par un bon mot une récidive de gaieté. Si la tentative réussissait, le président se fâchait tout à la fois contre le fauteur de désordre et contre lui-même.

Bien entendu, de pareilles diversions ne se produisaient pas très souvent : elles avaient lieu principalement en fin de séance, après quatre ou cinq heures de travail assidu, quand tout le monde était épuisé. En général, Iliitch conduisait les délibérations avec une stricte rigueur : méthode qui seule permettait de régler en une séance d'innombrables affaires.

« Il avait une manière à lui de dire : « hum! hum! » — continue Gorky, — et il savait proférer cette interjection expressive suivant une gamme infinie de nuances qui s'étendait de l'ironie sardonique au doute circonspect; et souvent, dans ce « hum! hum! » se traduisait un piquant humour dont la malice n'était sensible qu'à un homme très perspicace et connaissant bien les diaboliques insanités de l'existence ».

C'est vrai, c'est juste. Le « hum! hum! » jouait en effet un rôle important dans les conversations intimes de Lénine, aussi bien d'ailleurs que dans ses écrits de polémiste. Iliitch prononçait son « hum! hum! » très nettement, et, comme le note Gorky, avec une infinie variété de nuances. Il avait en cela une sorte de code de signaux qu'il employait pour exprimer les états d'âme les plus divers. Sur le papier, « hum! hum! » n'a l'air de rien; dans la causerie, cela était haut en couleur, cela valait par le timbre de la voix, par l'inclination de la tête, par le jeu des sourcils, par le geste des mains éloquentes.

Gorky nous décrit aussi la pose favorite de Lénine:

« Il renversait la tête en arrière, puis la penchant sur l'épaule, glissait les doigts aux entournures de son gilet, sous les aisselles. Il y avait dans cette attitude quelque chose d'étonnamment drôle et charmant, on aurait dit d'un coq vainqueur et, à ces moments-là, il était tout radieux ».

Tout cela est parfaitement dit, si l'on en excepte le « coq victorieux » qui ne convient pas du tout à l'image de Lénine. Mais la pose est bien dépeinte. Hélas! lisons un peu plus loin :

« Grand enfant de ce monde maudit, homme excellent qui avait besoin de s'offrir en victime à l'hostilité et à la haine pour réaliser une œuvre d'amour et de beauté... »

Pitié, pitié, Alexis Maximovitch!

« Enfant d'un monde maudit!... » cela pue le tartufe à plein nez! Oui, Lénine affectait une pose étonnamment avenante, un peu malicieuse peut-être par instant, mais il n'y avait en cela aucune tartuferie. « S'offrir en victime », c'est faux, c'est insupportable, cela grince comme un clou sur une vitre! Lénine ne se sacrifiait nullement, mais vivait d'une existence pleine, toute belle, de source abondante et pure, se développant de tout son être, servant une cause, poursuivant un dessein que lui-même s'était librement assigné. Et son œuvre n'était point « d'amour et de beauté » : voilà des termes d'une généralité bien trop commune, d'une redondance déplacée; il n'y manque vraiment que les majuscules : Amour et Beauté! La tâche que s'était donnée Lénine était de réveiller et d'unir les opprimés pour abattre le joug de l'oppression; c'était la cause des quatre-vingt-dix neuf centièmes de l'humanité.

Gorky nous parle des attentions que Lénine avait pour ses camarades, du souci qu'il prenait de leur santé... Et il ajoute : « Dans ce sentiment, je n'ai jamais pu surprendre la préoccupation intéressée que manifeste un patron intelligent à l'égard d'ouvriers honnêtes et habiles ».

Eh bien! Gorky se trompe tout à fait; il a précisément laissé échapper un des traits essentiels de Lénine. Les attentions personnelles d'Iliitch vis-à-vis des camarades n'allaient jamais sans la préoccupation du bon patron, soucieux du travail à faire. Sans doute est-il impossible de parler ici d'un sentiment « intéressé », l'œuvre elle-même n'étant pas uniquement personnelle; mais il est indiscutable que Lénine subordonnait sa sollicitude pour ses camarades aux intérêts de la cause, — de cette cause qui justement groupait autour de lui des compagnons. Cette alliance de préoccupations d'ordre général et d'ordre individuel ne diminuait en rien l'humanité des sentiments de Lénine, mais la tension de tout son être vers le but politique n'en était que plus forte, plus pleine.

Gorky, qui ne s'est pas aperçu de cela, n'a certainement pas compris le sort qui échut à un grand nombre de ses requêtes en faveur des personnes qui « avaient souffert » de la révolution, requêtes qu'il adressait directement à Lénine.

Les victimes de la révolution ont été nombreuses, on le sait, et les démarches de Gorky n'ont pas été rares non plus : certaines même furent tout à fait absurdes. Il suffit de se rappeler l'intervention prodigieusement emphatique de l'écrivain en faveur des socialistes-révolutionnaires, à l'époque du fameux procès de Moscou. Gorky nous dit :

« Je ne me rappelle pas de cas où Iliitch ait repoussé une de mes demandes. S'il est arrivé parfois que les décisions de Lénine n'étaient pas mises à exécution, cela n'était pas de sa faute : cela s'expliquait probablement par ces maudits « défauts de mécanisme » qui ont toujours été nombreux à profusion dans notre lourde machine gouvernementale. On peut admettre aussi qu'il y eut parfois de la malveillance de la part de je ne sais qui quand il s'agissait d'alléger le sort de certaines personnes, de leur sauver la vie... »

Avouons-le, ces lignes nous ont choqués plus que tout le reste.

Qu'en faut-il conclure en effet? Ceci : comme chef du Parti et de l'Etat, Lénine poursuivait impitoyablement les ennemis de la révolution; mais il suffisait à Gorky d'intercéder, et il n'y aurait pas eu de cas où Iliitch aurait repoussé la demande de l'écrivain. Il faudrait donc admettre que le sort des gens se décidait, pour Lénine, d'après des interventions amicales. Cette affirmation serait tout à fait incompréhensible si Gorky n'y mettait lui-même une réserve : il n'a pas reçu satisfaction dans toutes ces démarches. Mais alors il en accuse les défauts du mécanisme soviétiste...

En est-il vraiment ainsi? Lénine était-il véritablement impuissant à surmonter les défectuosités du mécanisme dans une question aussi simple que l'élargissement d'un prisonnier ou la grâce d'un condamné? C'est bien douteux. N'est-il pas plus naturel d'admettre que Lénine, après avoir jeté sur la requête et le requérant « le regard omniscient du grand malin », évitait de débattre l'affaire avec Gorky, mais ensuite laissait au mécanisme soviétiste, avec tous ses défauts prétendus et réels, la tâche d'exécuter ce qu'exigeaient les intérêts de la révolution? En effet, Lénine n'était pas si « simple » et si « droit » que cela quand il était obligé d'éconduire la sentimentalité petite-bourgeoise. Les attentions de Lénine pour la personnalité humaine étaient infinies, mais elles étaient entièrement subordonnées aux attentions qu'il gardait, en tout premier lieu, pour l'humanité entière, dont le sort à notre époque se confond avec celui du prolétariat. Si Lénine n'avait pas été capable de subordonner le particulier au général, il aurait peut-être été « un juste » qui « s'offre en victime au nom de l'amour et de la beauté », mais il n'aurait certainement pas été le Lénine que nous avons connu, le chef du Parti bolchévik, l'auteur de la révolution d'Octobre.

A ce qui précède il faut entièrement rattacher le récit que nous fait Gorky de « l'extraordinaire entêtement » dont fit preuve Lénine, lorsque, durant plus d'un an, il exhorta l'écrivain à aller suivre un traitement à l'étranger.

« En Europe, dans un bon sanatorium, vous pourrez vous soigner et vous travaillerez trois fois davantage. Hé! hé!... Partez, guérissez-vous... Ne vous obstinez pas à rester ici, je vous en supplie ».

L'ardente sympathie que Lénine éprouvait pour Gorky, pour l'homme aussi bien que pour l'écrivain, est connue de tout le monde et indiscutable. La santé de Gorky donnait du souci à Iliitch, sans aucun doute. Pourtant, dans « l'extraordinaire entêtement » avec lequel Lénine voulait expédier Gorky à l'étranger, il y avait aussi un calcul politique : en Russie, en ces difficiles années, l'écrivain s'égarait déplorablement et risquait de se fourvoyer définitivement; à l'étranger, se trouvant en face de la civilisation capitaliste, il pouvait se redresser. En lui pouvait se réveiller l'état d'âme qui, jadis, l'avait forcé à « cracher au visage » de la France bourgeoise.

Certes, il n'était pas indispensable pour Gorky de répéter ce « geste » en lui-même peu persuasif; mais la disposition d'esprit d'où cela était venu promettait d'être beaucoup plus féconde que de pieuses démarches en faveur de travailleurs intellectuels dont tout le malheur venait de ce qu'ils n'avaient pas réussi, les pauvres, à jeter en temps voulu un nœud coulant sur le prolétariat révolutionnaire.

Oui, Lénine prenait soin de Gorky, il désirait sincèrement voir sa santé s'améliorer et l'écrivain travailler; mais il avait besoin d'un Gorky redressé, et c'est pourquoi il mettait tant d'insistance à l'envoyer à l'étranger; c'est pour cela qu'il l'exhortait à aller renifler un peu ce que sentait la civilisation capitaliste. Même quand on ne s'est pas trouvé dans la coulisse de cette affaire, on peut, d'après le seul récit de Gorky, deviner les motifs de Lénine : il agissait précisément comme un grand patron qui, jamais et dans aucune circonstance, n'oublie les intérêts de la cause qui lui a été confiée par l'histoire.

Ce n'est pas en révolutionnaire, c'est en petit-bourgeois moralisateur que Gorky nous a retracé l'image de Lénine; et voilà comment cette figure, toute d'un bloc, d'une unité si exceptionnelle, se trouve désagrégée dans le récit.

Mais cela va encore plus mal lorsque Gorky passe à la politique proprement dite. Ce ne sont ici que malentendus ou erreurs déplorables.

« Homme d'une volonté extraordinairement forte, il était dans tout le reste le type même de l'intellectuel russe ».

Lénine — type d'intellectuel! N'est-ce pas curieux à entendre? N'est-ce pas une raillerie, et d'une inconvenance monstrueuse? Lénine — *type* de l'intellectuel!

Mais cela ne suffit pas à Gorky. D'après lui, en effet, nous apprenons que Lénine « possédait au plus haut degré une qualité qui est propre à l'élite de l'intelligence russe, — le renoncement souvent poussé jusqu'au tourment, jusqu'à la mutilation de soi-même... »

Voyez-vous cela! Et allez donc! Un peu plus haut, Gorky développait tant qu'il pouvait cette pensée que l'héroïsme de Lénine, — « c'est le modeste ascétisme, assez fréquent en Russie de l'honnête intellectuel révolutionnaire qui croit sincèrement à la possibilité de la justice sur la terre », etc., etc. Il est physiquement impossible de transcrire ce passage, tant il est faux et navrant... « L'honnête intellectuel qui croit à la possibilité de la justice sur la terre! » Tout bonnement, un petit fonctionnaire provincial, un radical, qui a lu les *Lettres Historiques* de Lavrov ou bien la contrefaçon qu'en donna plus tard Tchernov...

Je me rappelle à ce propos qu'un des vieux traducteurs marxistes du temps jadis avait appelé Karl Marx « le grand lamentateur de l'affliction populaire ».

Il y a vingt-cinq ans, dans le bourg de Nijné-Ilinsk, je m'amusais de bon cœur de ce Karl Marx provincial. Mais aujourd'hui, il a bien fallu le constater, Lénine lui-même n'a pas échappé à son sort : un Gorky, un homme qui avait vu Iliitch, qui le connaissait bien, qui comptait parmi ses proches, qui a parfois collaboré avec lui, nous représente cet athlète de la pensée révolutionnaire non seulement comme un pieux ascète, mais, bien pis, comme le type de l'intellectuel russe.

Cela, c'est une calomnie et d'autant plus maligne qu'elle est faite en toute bonne foi, en toute bienveillance, et presque avec un transport d'enthousiasme.

Lénine, certainement, s'était imprégné de la tradition du radicalisme intellectuel révolutionnaire; mais il l'avait surmontée et dépassée, et ce n'est qu'à partir de ce moment qu'il devint Lénine.

L'intellectuel russe « typique » est effroyablement borné; or, Lénine est précisément l'homme qui dépasse toutes les bornes et surtout celles des intellectuels.

S'il est juste de dire que Lénine s'était imprégné de la tradition séculaire des intellectuels révolutionnaires, il est encore plus juste d'affirmer qu'il concentre en lui-même la poussée multiséculaire de l'élément paysan : en lui vit le moujik russe, avec sa-

haine de la classe seigneuriale, avec son esprit calculateur, sa vive intelligence de maître de maison. Mais ce qu'il y a de limité, de borné dans le moujik est surmonté, dépassé en Lénine par un immense essor de la pensée et par l'emprise de la volonté.

En Lénine enfin, — et c'est ce qu'il y a de plus solide, de plus vigoureux en lui, — s'incarne l'esprit du jeune prolétariat russe. Ne pas apercevoir cela, ne voir que l'intellectuel, c'est ne rien voir du tout. En ceci est l'œuvre géniale de Lénine qu'à travers lui le jeune prolétariat russe s'émancipe, sort de sa situation extrêmement bornée et s'élève à l'universalité historique. Et c'est pourquoi la nature de Lénine, profondément attachée au sol, se développe organiquement, s'épanouit en créations, devient invinciblement internationale. Son génie consiste, avant tout, à dépasser toutes les bornes.

Le trait essentiel du caractère d'Iliitch est assez justement défini par Gorky, quand celui-ci l'appelle « un optimisme combatif ».

Mais il ajoute : « Ce côté-là chez lui n'avait rien de russe... »

Allons, bon! Mais, voyons, ce typique intellectuel, cet ascète de province, n'est-il pas tout ce qu'il y a de plus russe, de plus local? N'est-ce pas un bonhomme de Tambov? Comment donc Lénine, avec des traits essentiels de caractère qui « ne sont pas russes » : avec une volonté de fer et un optimisme combatif, se trouve-t-il être en même temps le type de l'intellectuel russe? Et n'y a-t-il pas là quelque grosse calomnie contre l'homme russe en général? Le talent de conduire les poux en laisse est, à vrai dire, indiscutablement russe; mais, grâce à la dialectique, cela ne durera pas toujours, cela changera. La politique socialiste-révolutionnaire que couronne le régime de Kérensky fut la plus haute expression de ce vieil art national qui consiste à conduire des poux en laisse. Mais Octobre, sachez-le bien, Alexis Maximovitch, aurait été impossible si, longtemps avant Octobre, dans l'homme russe, ne s'était allumée une nouvelle flamme, si son caractère n'avait pas été transfiguré.

Lénine s'interpose non seulement à l'époque où l'histoire de Russie change de direction, mais au moment où « l'esprit » national se transforme par une crise. Les traits essentiels de Lénine ne sont pas « russes » prétendez-vous... Mais vous nous permettrez de vous demander si le Parti bolchévik est un phénomène — russe de caractère, — ou bien disons : hollandais? Que direz-vous donc de ces prolétaires de l'action clandestine, de ces combattants, de ces Ouraliens durs comme la roche, de ces francs-tireurs, de ces commissaires de l'armée rouge qui, jour et nuit, ont le doigt sur la détente d'un browning, et aujourd'hui de ces directeurs de fabriques, de ces organisateurs de trusts qui, demain, seraient prêts à risquer leur tête pour l'émancipation du coolie chinois? Voilà une race, voilà un peuple, voilà l'un des grands « ordres » de l'humanité! Et ne sont-ils pas de la pâte qui se fait en Russie? Vous nous permettrez de vous contredire.

Et que dirons-nous encore de toute la Russie du XXe siècle (et d'auparavant) : ce n'est plus le vieux pays provincial des époques lointaines; c'est une Russie nouvelle et internationale, qui a du métal dans le caractère. Le Parti bolchéviste est une sélection de cette nouvelle Russie, et Lénine en est le plus grand formateur et éducateur.

Mais ici nous entrons dans le domaine de l'absolue confusion. Gorky, non sans un retour de coquetterie, se déclare « douteux marxiste » qui ne croit guère à la raison dans les masses en général, ni à la raison dans les masses paysannes en particulier. Il estime que les masses ont besoin d'être gouvernées du dehors.

« Je sais, — écrit-il, — qu'en exprimant de pareilles idées, je m'expose encore une fois aux railleries des politiciens. Je sais également que les plus intelligents et les plus honnêtes d'entre eux se moqueront de moi sans conviction, et, pour ainsi dire, par devoir de fonctionnaires ».

Je ne sais quels sont ces politiciens « intelligents et honnêtes » qui partagent le scepticisme de Gorky au sujet des masses. Mais ce scepticisme nous paraît bien plat. Que les masses aient besoin d'être dirigées (« du dehors »), Lénine l'avait, croyons-nous, deviné. Peut-être Gorky a-t-il entendu dire que, précisément pour mener les masses, Lénine a employé toute sa vie consciente à créer une organisation spéciale : le Parti bolchévik. Lénine n'encourageait guère la foi aveugle en la raison des masses. Pourtant, il méprisait encore davantage la morgue de ces intellectuels qui reprochent à la masse de n'être pas faite à leur image et ressemblance. Lénine savait que la raison des masses doit s'adapter à la marche objective des choses. Le Parti devait faciliter cette adaptation, et, comme en témoigne l'histoire, il a accompli sa tâche non sans succès.

Gorky est en désaccord, comme il l'écrit, avec les communistes au sujet du rôle des intellectuels. Il estime que les meilleurs des anciens bolchéviks ont éduqué des centaines d'ouvriers précisément « dans l'esprit de l'héroïsme social et d'une haute intellectualité » (!!) Plus simplement, plus exactement, Gorky n'accepte les bolchéviks qu'à l'époque où le bolchévisme en était encore à ses essais de laboratoire, préparant ses premiers cadres intellectuels et ouvriers. Il se sent tout proche du bolchévik de 1903-1905. Mais celui d'Octobre, mûri, formé, celui qui, d'une main inflexible, exécute ce que l'on commençait à peine à entrevoir il y a quinze ans, celui-là est étranger et antipathique à Gorky.

L'écrivain lui-même, avec sa constante tendance vers une plus haute culture, une plus complète intellectualité, a pourtant trouvé le moyen de s'arrêter à mi-chemin. Ce n'est ni un laïc, ni un pope : c'est le chantre de la culture.

De là son attitude hautaine, son dédain de la raison des masses, et en même temps du marxisme, bien que celui-ci, comme on l'a déjà dit, bien différent du subjectivisme, s'appuie non sur la foi en la raison des masses, mais sur la logique du processus matériel qui, en fin de compte, soumet à sa loi « la raison des masses ».

La voie qui mène de ce côté n'est pas toute simple, il est vrai, et l'on y casse pas mal de vaisselle; on y brise même quelques ustensiles de la « culture ». Voilà ce que Gorky ne peut tolérer! Selon lui, l'on devrait se contenter d'admirer cette belle vaisselle; il ne faudrait jamais la briser.

Pour rapprocher Lénine de lui-même, pour se consoler, Gorky nous affirme qu'Iliitch « a dû sans doute, plus d'une fois, retenir son âme par les ailes », en d'autres termes, se faire violence : implacable quand il fallait écraser une résistance, Lénine était ainsi sujet à des luttes intérieures, il devait vaincre son amour de l'homme, son amour de la culture; c'était en lui un véritable drame. En un mot, Gorky inflige à Lénine ce dédoublement qui caractérise les intellectuels, cette « conscience maladive » que l'on estimait si fort autrefois, ce précieux abcès du vieux radicalisme intellectuel.

Mais tout cela est faux. Lénine était fait d'un seul bloc. Morceau de haute qualité, de structure complexe, mais tenant bien par toutes ses parties, et dans lequel tous les éléments s'adaptaient les uns aux autres admirablement.

La vérité est que Lénine évitait assez souvent de causer avec des solliciteurs, défenseurs et gens de cette sorte.

« Qu'un tel le reçoive, — disait-il avec un petit rire évasif; — sans quoi je serais encore trop bon ».

Oui, il avait souvent peur d'être « trop bon », car il connaissait la perfidie des ennemis et la béate niaiserie des intermédiaires, et il considérait en somme comme insuffisante n'importe quelle mesure de sévère prudence. Il préférait viser un ennemi invisible, au lieu de laisser distraire son attention par des contingences et d'être « trop bon ». Mais en cela se manifestait encore le calcul politique, et non pas cette « conscience maladive » qui accompagne nécessairement les caractères dépourvus de volonté, pleurnicheurs, — l'humide nature du « typique intellectuel de Russie ».

Ce n'est pas encore tout. Gorky, — nous l'apprenons de lui-même, — reprochait à Lénine de « comprendre d'une façon trop simplifiée le drame de l'existence » (hum! hum!) et lui disait que cette compréhension simplifiée « menaçait de mort la culture » (hum! hum!).

Durant les jours critiques de la fin de 1917 et du début de 1918, quand à Moscou l'on tirait sur le Kremlin, quand des matelots (la chose a dû se produire, mais pas si souvent que la calomnie bourgeoise l'a prétendu) éteignaient leurs cigarettes en les écrasant sur des « gobelins », quand les soldats, — affirmait-on, — se taillaient des culottes, — fort incommodes et peu pratiques! — dans des toiles de Rembrandt (c'étaient là les sujets de plainte qu'apportaient à Gorky les représentants éplorés « d'une haute intellectualité »), — durant cette période, Gorky fut tout à fait désorbité et chanta des *requiem* désespérés sur notre civilisation. Epouvante et barbarie! Les bolchéviks allaient briser tous les vases historiques, vases à fleurs, vases de cuisine, vases de nuit!...

Et Lénine lui répondait : nous en casserons autant qu'il faudra, et si nous en cassons trop, la faute en retombera sur les intellectuels qui continuent à défendre des positions intenables. — N'était-ce pas d'un esprit étroit? Ne voyait-on pas là, — pitié, pitié, Seigneur! — que Lénine simplifiait trop « le drame de l'existence »?

Je ne sais, mais l'esprit répugne à ergoter sur de semblables considérations. L'intérêt de la vie de Lénine n'était pas de gémir sur la complexité de l'existence, mais de la reconstruire autrement. Pour cela, il fallait considérer l'existence dans son ensemble, dans ses principaux éléments, en discerner les tendances essentielles de développement et subordonner à celles-ci tout le reste.

C'est précisément parce qu'il était passé maître dans la conception créatrice de ces vastes ensembles qu'il considérait le « drame de l'existence » en patron : nous casserons ceci, nous démolirons cela, et provisoirement nous étayerons ceci encore.

Lénine distinguait tout ce qui était honnête, tout ce qui était individuel, il remarquait toutes les particularités, tous les détails. Et, s'il « simplifiait », c'est-à-dire : s'il rejetait les éléments secondaires, ce n'était pas faute de les avoir remarqués, mais parce qu'il connaissait sûrement les proportions des choses...

En ce moment me revient à la mémoire un prolétaire de Pétersbourg, nommé Vorontsov, qui, dans les premiers temps après Octobre, se trouva attaché à la personne de Lénine, le gardant et l'aidant.

Comme nous nous préparions à évacuer Pétrograd, Vorontsov me dit d'une voix sombre :

— Si, par malheur, *ils* prenaient la ville, ils y trouveraient bien des choses. Il faudrait flanquer de la dynamite sous Pétrograd et faire tout sauter.

— Et vous ne regretteriez pas Pétrograd, camarade Vorontsov? — demandai-je, admirant la hardiesse de ce prolétaire.

— Quoi regretter? Quand nous reviendrons, nous rebâtirons quelque chose de mieux.

Je n'ai pas inventé ce bref dialogue et ne l'ai pas stylisé. Il est resté tel quel, gravé dans ma mémoire. Eh bien, c'est là la bonne manière de considérer la culture! Il n'y a pas trace de pleurnicherie et ce n'est pas un *requiem*. La culture est l'œuvre des mains humaines. Elle n'est véritablement pas dans les pots décorés que nous garde l'histoire, mais dans une bonne organisation du travail des têtes et des mains. Si, sur la voie de cette bonne organisation, s'élèvent des obstacles, il faut les balayer. Et si l'on est alors obligé de détruire des valeurs du passé, détruisons-les sans larmes sentimentales; nous reviendrons ensuite pour en édifier, pour en créer de nouvelles, infiniment plus belles que les anciennes. Voilà comment, reflétant la pensée et le sentiment de millions d'hommes, Lénine considérait les choses. Son opinion était bonne et juste, et il y a là beaucoup à apprendre pour les révolutionnaires de tous les pays.

Kislovodsk, 28 *septembre* 1924.

X

Les Petits et le Grand

Vladimir Iliitch Lénine
Fut, en Russie, unique!
(Poésie enfantine).

Il vient de paraître un petit livre d'une qualité toute particulière, et vraiment délicieuse, dans lequel on a rassemblé des écrits d'enfants, consacrés à la vie et à la mort d'Iliitch. Des petits, qui ont de neuf à quatorze ans, — on y compte même une petite fille de cinq ans! — nous parlent du grand aîné, du grand homme.

Bien entendu, beaucoup de ces petites œuvres ne font que reproduire ce qui a été raconté par les adultes.. Mais il arrive que dans un texte, pour ainsi dire stéréotype, apparaisse tout à coup un filet de fraîche inspiration, que des phrases toutes familières s'animent soudain à cette source, comme arrosées d'eau vive. Et l'on trouve aussi de la création spontanée, puérile, inimitable en coloris. Les vers, conformément à la règle générale, sont moins faciles que la prose. La prosodie impose une contrainte trop grande et sa loi gêne le mouvement direct de l'expression. Mais même dans les vers, on découvre des traits étonnants.

« Il n'y a pas de coin, — écrit l'un, — où l'on ne connaisse le père du prolétariat, le fort, l'audacieux, le vaillant, l'inventif, l'intelligent Lénine ».

Cette liste des meilleures qualités, rangées étroitement les unes près des autres, exprime dans sa plénitude l'idée que les enfants se font d'Iliitch : il a tout ce qu'il faut pour être parfait.

« Quand il était en prison avec ses camarades, il chantait toujours : « Marchons au pas, camarades! »

Ce détail est bien choisi pour nous convaincre : en prison, il n'est pas permis de se laisser aller au découragement ni d'y laisser tomber les autres, — et « le vaillant, l'inventif » Iliitch se met à chanter : « Marchons au pas, camarades! » Les autres chantent aussi et lui, naturellement, dirige le chœur : n'est-il pas né pour être chef d'orchestre?

« Dans le temps, quand il était en vie, — écrit le même enfant, — j'étais sûr que, si la révolution allemande ne réussissait pas et si les pays bourgeois marchaient contre la Russie, Iliitch, quoique malade, se lèverait de son lit et lutterait jusqu'à la dernière goutte de son sang. Voilà comment, pensais-je, Iliitch se sacrifierait lui-même ».

Voyez comment les idées politiques venues des journaux (l'écrasement de la révolution allemande, la campagne contre la Russie Soviétiste) se combinent ici avec l'élément *personnel,* d'une simplicité persuasive, avec cette image enfantine à laquelle personne n'a touché : Iliitch, âgé et malade, au moment où la révolution a des difficultés, se lève de son lit et « lutte jusqu'à la dernière goutte de son sang ». Seule, la mort a pu l'empêcher de « se sacrifier lui-même » sur la dernière barricade! Et l'auteur conclut ainsi : « Il ne faut pas avoir peur, maintenant qu'on n'a plus Iliitch ».

Quand ce gaillard sera grand, il y aura encore une place pour lui sur les barricades d'Iliitch!...

Et voici la biographie. Le récit est complet : on nous parle de la famille de Lénine, de son père, de son frère Alexandre (fusillé, nous dit-on) et de sa sœur Maria Iliinitchna « qui est maintenant *rédactrice* du journal *Pravda* ».

Déporté en Sibérie, Iliitch « aimait les jeux sportifs et souvent faisait la course avec d'autres sur patins ou bien autrement, et quand il courait, il tendait toutes ses forces pour dépasser les autres et ne pas rester vaincu ».

Vous voyez que cela ne ressemble pas du tout à ce que l'on essaye trop fréquemment de nous montrer en Lénine : ce n'est pas le bon saint morose qui, à peine arrivé quelque part, cherche s'il n'y aurait pas pour lui quelque chambre bien obscure et bien humide où il puisse s'enfermer. Maigre imagination de bigote! Non, le Lénine des enfants, qui est aussi le vrai Lénine, aime la course, et il s'y lance de toutes ses forces, il ne veut pas qu'on le rattrape, il ne veut pas être vaincu.

Je ne puis me défendre ici de mentionner un souvenir. Iliitch et moi, nous avions fait « édicter » que les commissaires en retard à leur poste de plus de dix minutes paieraient une amende.

Un jour, au Kremlin, nous devions, à peine sortis d'une séance, courir à une autre qui se tiendrait à l'autre bout de la cour, — et l'on n'ignore pas que c'est une immense esplanade.

Après la première réunion, Iliitch crut bon de passer un moment chez lui. Je lui dis par téléphone :

— Prenez garde, Vladimir Iliitch, vous risquez d'être puni en vertu de notre propre décret : il ne nous reste que deux ou trois minutes!

— C'est bon, ça va, — répondit Iliitch avec un petit rire dont je ne compris le sens qu'un peu plus tard.

En descendant tranquillement l'escalier et en traversant la cour, je me retournais de temps à autre, me demandant si Iliitch allait me suivre. Tout à coup, à l'autre extrémité de l'esplanade, à cent pas de moi, passe, ou plutôt bondit, une forme humaine dont l'allure me semble connue : cette figure disparaît aussitôt derrière l'angle du « Corps de Cavalerie ».

Etait-ce lui? Pas possible! C'est une illusion!

Deux minutes plus tard, j'ai gagné la salle de la réunion. Le premier que j'aperçois, c'est Iliitch. Encore un peu essoufflé, il m'accueille avec une exclamation joviale :

— Ah! ah! c'est vous qui êtes en retard d'une minute!

Et il éclate d'un rire triomphant.

— Je l'avoue, dis-je aux camarades, c'est une surprise!... Il m'avait bien semblé apercevoir un homme qui avait l'air de Vladimir Iliitch et qui courait à toute vitesse vers le Corps de Cavalerie, mais je ne pouvais m'imaginer que le président du Conseil des Commissaires du Peuple, sous les yeux de tous, passerait en trombe par l'esplanade du Kremlin.

Iliitch riait de tout son cœur. Iliitch chantait victoire. Exactement l'homme dont nous parle la biographie enfantine, l'homme qui tend toutes ses forces pour ne pas se laisser dépasser...

Mais revenons à l'histoire de cet homme.

Après la déportation, c'est l'émigration; après l'émigration, la révolution; puis il doit se cacher pour n'être pas pris par Kérensky. Les enfants n'oublient aucun détail.

« Même dans sa cachette, Lénine dirigeait et il envoyait, de la hutte où il était, des lettres sur la révolution. Et quand siégeait le Soviet des députés populaires, *il le dirigeait du fond de sa hutte,* comme s'il avait présidé dans l'assemblée ».

Pourrait-on mieux dire? Lénine reste tapi dans sa cachette, mais de là, comme un président, il dirige le

Soviet! C'est pourtant bien ainsi que les choses se sont passées.

Cependant, cette façon de gouverner une assemblée présentait certains inconvénients, en raison du climat. « Les pluies vinrent, dit l'auteur, et il fit froid dans la hutte ».

Il fallut donc changer de tactique et inventer une autre méthode pour diriger la révolution. Iliitch, naturellement, l'inventa. Ne savions-nous pas qu'il était « fort, audacieux, vaillant, inventif, intelligent » ?

Il alla se fixer pour quelque temps en Finlande. Ensuite, voici ce qui arriva :

« Le camarade Lénine n'eut pas la patience d'attendre davantage. Il revint à Piter (Pétrograd) et là organisa l'insurrection d'Octobre. Le pouvoir passa aux ouvriers et aux paysans ».

Tout cela est vrai, comme il est vrai que Lénine n'eut pas la patience d'attendre plus longtemps.

Un des petits auteurs nous décrit sa rencontre avec Iliitch.

L'enfant était allé avec son père au Kremlin, et ils passaient sur l'esplanade.

Tout à coup apparaît Iliitch!

Celui-ci dit bonjour au père et tend la main à l'enfant.

« J'étais tellement troublé que je lâchai mon panier. Nous n'avions pas eu le temps de le ramasser que Vladimir Iliitch s'était déjà courbé, attrapait le panier et me serrait la main que je tendais pour le ravoir. Ensuite, il posa sa main sur ma tête et demanda à mon père :

« — C'est celui-ci ou votre aîné qui est bolchévik?

« — Celui-ci. L'aîné est dans les gardes blancs; il se bat contre les garnements du camarade Trotsky; il est aussi paresseux à apprendre...

« — Allons, ce n'est rien! Le temps viendra où

votre aîné aussi deviendra bolchévik! — dit Vladimir Iliitch.

« Il parlait vite et souriait tout le temps ».

Le dialogue est reproduit avec une remarquable exactitude; on y reconnaît les mots, la façon de dire, les gestes d'Iliitch, « parlant vite et souriant tout le temps ». Ces notations sont justes parce que l'attention était avide et la mémoire toute fraîche. Ecouter Iliitch, c'était aussi intéressant que de voir pour la première fois un incendie grandiose ou une cascade.

Un autre petit gars a vu Iliitch sur la Place Rouge quand il disait d'une voix forte aux ouvriers qu'ils devaient s'unir pour ne former plus qu'une famille.

« J'étais assis dans l'automobile à côté du chauffeur et je regardais Iliitch. *Il m'a plu* ».

L'auteur ne se donne pas la peine de fournir des motifs : pour lui, il est assez clair que le monde se divise en gens qui plaisent et en gens qui ne plaisent pas. Iliitch est de ceux dont on dit : « Il m'a plu ». Un point, c'est tout.

Un autre de ces jeunes écrivains narre à son tour comment il a vu Lénine. Ce garçon a eu moins de chance. Il y avait beaucoup de monde sur la place et tous criaient : « Iliitch! »

« J'aurais voulu grimper sur quelque chose. Mais il n'y avait rien pour ça. On me bousculait. Même je me suis mis à pleurer, parce que j'avais très envie de voir Lénine. A la fin, je me suis accroché à un ouvrier, j'ai mis un pied dans sa poche et j'ai grimpé sur ses épaules comme sur un cheval. Je pensais qu'il allait tout de suite me jeter par terre et me donner une taloche. Mais, au lieu de ça, l'ouvrier m'a appelé « galopin » et m'a dit de me tenir bien fort à son cou. Je me suis trouvé de deux têtes au-dessus de tout le monde, et j'ai vu Iliitch ».

Voilà. Vous avouerez que ce moyen d'apercevoir Lénine n'est pas à la portée de tout le monde. Vous seriez sans doute fort intimidé à la seule idée de grimper en mettant le pied dans la poche du voisin. Mais le jeune Alexandre de Macédoine, du faubourg de Pressnia, ne s'embarrasse pas pour si peu! Il monte à son poste d'observateur, au risque de recevoir une taloche. Fort heureusement, le voisin est un brave homme qui l'appelle « galopin » et le garde sur ses épaules. Tout va bien, et cela nous permet d'avoir un remarquable témoignage d'enfant sur Lénine orateur.

Lisez ceci :

« Il était monté à la tribune. Il avait un costume sombre, de couleur noire, je crois, une chemise avec un col rabattu et une cravate, et sur la tête une casquette. Il avait tiré de sa poche un mouchoir blanc et il s'essuya le front et son crâne chauve. Je ne me rappelle pas ce que disait Iliitch. Je faisais surtout attention à voir comment il parlait. *De temps en temps, il se penchait très bas sur la tribune, tendait les bras en avant, tout en tenant son mouchoir et en s'essuyant souvent le front. Il souriait souvent.* J'observais tout son visage, son nez, ses lèvres, sa petite barbiche. Lénine était souvent interrompu par les applaudissements et les cris; à ces moments-là, je criais aussi ».

Comment en effet ne pas crier à ces moments-là! Mais quelle merveilleuse précision dans la description! Iliitch essuie son front et son crâne chauve avec un mouchoir blanc; parfois, il s'incline très bas sur la tribune, tend les bras en avant, et s'essuie encore. Voilà le vivant Lénine! Ce qu'il a dit, notre auteur ne se le rappelle pas. Mais cela n'a pas d'importance : les discours n'ont-ils pas été sténographiés! En revanche, la vivante figure de Lénine reste à jamais fixée dans l'avide mémoire d'un petit homme qui s'est trouvé assis sur le dos du voisin. « J'observais tout son visage, son nez, ses lèvres, sa petite barbiche... » Et c'est un souvenir pour toute la vie. Quand cet enfant rentrait à la maison, il a dû se répéter tout le temps ce mot : Lénine, Lénine, Lénine. Il portait le lourd et merveilleux fardeau de ses impressions. Il s'arrêtait devant tous les portraits de Lénine qui étaient exposés dans les vitrines... Et Lénine est mort sans savoir que, parfois, pour l'apercevoir, il fallait mettre le pied dans la poche du voisin. De quel rire retentissant il aurait éclaté s'il avait connu cette solution donnée selon le véritable esprit « bolchéviste » à un difficile problème de tactique!...

Voici encore un petit détail de la biographie du chef.

« Lénine aimait à pêcher. Par une journée chaude, il prenait sa ligne et s'asseyait sur le bord de l'eau, *et il pensait tout le temps à la manière dont on pourrait améliorer la vie des ouvriers et des paysans* ».

N'est-ce pas remarquablement imaginé : l'homme jette sa ligne et en attendant que le poisson morde (ce qui n'arrive pas si souvent), il est assis sur le bord, il regarde l'eau et toute sa pensée s'applique à trouver le moyen d'améliorer l'existence des ouvriers et des paysans. Voilà comment faisait Lénine! Et c'est pourquoi la pêche s'éclaire ici d'une lumière significative.

Vladimir Iliitch Lénine
Fut, en Russie, unique...

Il courait très vite à la course, il n'aimait pas le tsar, ni les bourgeois, il pêchait et s'appliquait à penser à la façon d'aider les travailleurs, il chantait en prison « Marchons au pas, camarades! », il dirigeait la révolution du fond d'une hutte, il enseignait d'une voix forte, exhortant les ouvriers à s'unir, et, en faisant cela, il s'essuyait le front avec un mouchoir; il savait tout, il pouvait tout, il enseignait tout. Mais il est mort. Le fort, l'audacieux, le père du prolétariat est mort. Et cette nouvelle extraordinaire, mystérieuse et terrible qui venait d'en haut, de la bouche des grands, a bouleversé le monde des petites âmes.

Le 22 janvier, dans une école, le maître a raconté la mort d'Iliitch :

« Et ainsi, le maître, tout ému, en s'arrêtant parfois, nous a raconté, et nous écoutions tous attentivement, et à la fin des fins, on ne s'est plus retenu, et des larmes brûlantes se sont mises à couler sur ma joue. Les gars ne pouvaient plus écouter, tous pleuraient. Alors, on s'est tous mis debout et on a chanté la *Marche des Funérailles* ».

Les petits garçons et les fillettes qui, le 22 janvier 1924, ont pleuré la mort d'Iliitch à chaudes larmes et ont chanté l'hymne de deuil, raconteront cela à leurs enfants et à leurs petits-enfants. Et le récit passera de génération en génération.

La nouvelle de la mort d'Iliitch arrive dans les familles ouvrières.

« Ma maman était assise à table et tenait à la main un couteau. Quand elle a entendu la nouvelle de la mort d'Iliitch, le couteau lui est tombé des mains et elle s'est mise à pleurer, *bien qu'elle ne connaissait pas son grand chef* ».

Ce couteau qui tombe des mains, voilà le trait juste et significatif! Et comme l'enfant parle bien de la mère : *elle ne connaissait pas son grand chef.*

Une petite fille est rentrée à la maison après la causerie qu'on avait faite sur Iliitch et « elle a raconté à ses parents tout en détail : qu'Iliitch n'aimait pas les choses de luxe, qu'il aimait les petits enfants et qu'il aimait beaucoup à travailler ». Tout est à sa place : le travail à la fin, la question du luxe au début, les enfants au milieu. Un adulte aurait probablement arrangé cela d'une autre manière. Ce n'est qu'après ce récit que la mère a cru à la nouvelle et « elle a été très alarmée ». Et la petite narratrice, avec sa sœur des Jeunesses Communistes, s'est mise à coudre des cravates d'étoffe noire.

Un garçonnet qui appartient à une « Maison d'Enfants » raconte comment Oscar Andréévitch (l'auteur connaît bien ce camarade dont nous n'avons pas entendu parler) a placé des drapeaux de deuil sur le mur de la maison, à l'occasion du 21 janvier.

« Une grosse bonne femme passe dans la rue et elle nous dit : « Allons, écartez-vous! Est-ce que vous n'avez jamais vu pendre des chiffons? » Et moi, j'ai dit *tout bas* : « Elle est bête, elle ne comprend pas ce que c'est ».

Jean Huss disait aussi d'une vieille femme ignorante : « O sainte simplicité! » La forme était autre, l'époque différente et c'était un homme d'âge qui parlait; mais l'esprit était le même.

A la nouvelle de la mort de Lénine, « ce jour-là, d'abord nous étions gais, mais, quand nous avons su, nous sommes devenus tristes ».

C'est bref, et quelle expression!

Les enfants vont voir le mort :

« Voilà le cercueil, un oreiller rouge, il était couché tout pâle. Je le regardais tout le temps ».

Le lendemain, en se réveillant, le petit « Jean Huss » a absolument besoin de voir le portrait de Lénine. Ainsi dit-il lui-même : « Je me suis réveillé et *j'avais très besoin* du portrait de Lénine ».

Il s'est aussitôt mis à le dessiner et, pour exprimer ses sentiments profonds, il a tracé sur le front d'Iliitch une petite étoile et les lettres : S.S.S.R. et R.S.F.S.R. Comme ça, tout le monde verra de qui il s'agit.

« Notre cher grand chef, — écrit une petit fille à Lénine mort, — je pensais que tu guérirais, mais il est arrivé ta mort inattendue. Je regrette beaucoup et j'ai bien du chagrin de ce que je ne te verrai plus ». Ainsi s'achève cette lettre si brève que tout le monde lira, sauf le destinataire.

Un jeune pionnier chante ceci :

Un écho retentit sur les monts :
« Plus d'Iliitch ! »
Mais en réponse on entend :
« Ne jamais se décourager! »

Ce n'est sans doute pas très fort comme versification, mais quelle impressionnante expression de l'essentiel! La mort d'Iliitch a ébranlé même les montagnes, et le jeune poète en perçoit de Moscou les échos. Cependant, à la triste nouvelle répond un chant qui exhorte au courage! Lénine lui-même ne chantait-il pas et n'enseignait-il pas à chanter : « Marchons au pas, camarades! » dans sa prison!

Lénine est mort. On l'apporte, à bras, à la Maison des Syndicats et on l'y dépose.

On le regardait, jeunes et vieux,
Paysans et ouvriers... *Mais lui ne savait pas!*
Lui qui nous a donné les soviets,
Immobile à présent gisait dans son cercueil!

« Mais lui ne savait pas! » C'est ce qu'il y a de meilleur dans ce quatrain. C'est une réflexion de l'auteur : Lénine, qui savait tout, ne savait pas, à présent, que l'on était venu pour le voir. C'est cela, la mort!

Et voici ce que l'on nous dit en prose sur les funérailles :

« Près de la Maison des Syndicats, beaucoup de monde l'attendait. Ce n'est pas comme ça que les bourgeois de la ville s'attendaient à le voir. Ils pensaient : on va voir venir le principal gouvernant sur un char doré, tout sera brillant. Mais les ouvriers ont encore mieux reconnu leur bien-aimé, leur cher Iliitch ».

L'enfant commence par distinguer les classes de la société, d'une part la petite bourgeoisie de la ville, d'autre part les ouvriers. Il s'exprime richement, avec saveur dans son langage d'enfant; il dit : « le principal gouvernant, un char doré, tout sera brillant... »

Et voici encore des vers :

Un orateur, un autre, un troisième, un quatrième,
De divers pays, de divers Etats ont parlé....
Et un orateur finit de dire le dernier mot :
Et Lénine sans crainte alla dans la tombe.

Le petit cœur se serre à cette idée qu'Ilitch, Lénine lui-même, doit aller dans la tombe; mais aussitôt surgit cette claire et consolante pensée : *Lénine n'a pas peur!* Et pouvait-il en être autrement? Celui qui n'a jamais rien redouté durant sa vie pouvait-il craindre la mort? Il n'y a en ceci aucun mysticisme. Un jeune artiste crée la figure du grand chef, tout simplement.

Les gens défilent et défilent devant le cercueil rouge. Dans les rangs sont les enfants, les futurs auteurs de souvenirs.

Et derrière nous éclataient des sanglots
Le cri sonore, perçant de quelqu'un.
Et nous passons, attachant nos regards
Au visage jauni qu'on ne peut assez voir !

C'est la simplicité de la perfection, surtout ce dernier vers!

Voici encore un récit où l'élément descriptif l'emporte sur la réflexion politique et le lyrisme :

« Nous nous sommes mis dans une des files sur la Mokhovaïa, et nous regardons devant nous. On ne voit que des têtes et au-dessus d'elles des drapeaux. La foule se taît. Un marchand passe, qui vend des pâtés et qui crie : « Chauds! chauds! » Une femme devant nous lui dit : « Va-t'en! Ce n'est pas le moment de penser aux pâtés ». La file avance lentement et, derrière nous, il y a déjà beaucoup de gens. Tout le monde est gelé. Le froid vous pince les jambes, les bras, la figure... »

Shakespeare aurait-il appris d'un enfant à entremêler le tragique parmi les choses sans importance, ce qui est grand parmi les banalités? Des millions d'hommes, sous un ciel rigoureux, font les obsèques de leur chef. « Chauds! chauds, les pâtés! » Et cette simple réplique qui en dit assez : « Va-t'en! Ce n'est pas le moment de penser aux pâtés! »

Enfin, notre auteur se trouve dans la salle :

« Le voilà : sur une élévation, le cercueil rouge, et lui dans le cercueil. On voudrait donner sa vie pour le sauver. Mais donc c'est impossible, la maladie a pris ce qui lui appartient. Il a la figure jaunâtre, comme de cire. Le nez s'est effilé, l'expression du visage est sérieuse. La barbiche est telle que sur les portraits, et les mains sont étendues comme sur un vivant. Il est habillé d'un french (1) vert et il a sur la poitrine l'ordre du Drapeau Rouge ».

C'est toujours la même sûreté de coup d'œil, la même précision dans les termes. Et que de fraîcheur de sentiment dans ces mots qui éclatent au milieu de la description : « On voudrait donner sa vie pour le sauver ». Un peu plus loin, le texte est encore interrompu par cette exclamation : « Ah! c'était trop tôt, Iliitch, trop tôt! » Cela sonne presque comme un reproche, mais qui part du fond de l'âme! Ce qui est le mieux, comme observation, c'est, je crois, la fin du morceau :

« Tout le monde descend et sort. Mais les figures ne sont plus comme elles étaient à l'entrée : en arri-

(1) French, sorte de veste d'officier, en usage en Russie depuis la guerre. — N. d. T.

vant, les gens avaient un air d'attente et d'impatience; maintenant, tous fixent des yeux le sol, — chacun s'efforce de se rappeler pour toujours le visage de Vladimir Iliïtch ».

C'est si bien dit, si bien observé que l'on en arrive à soupçonner qu'un adulte a bien pu l'écrire! Mais non, un adulte n'écrirait pas ainsi; du moins n'ai-je jamais rien lu de tel.

« Il était couché dans son cercueil rouge, — raconte un tout jeune auteur (plus exactement, une « auteuresse », pour faire pendant à la « rédactrice »), — la musique jouait et sa barbiche était comme celle du vivant sur son portrait. Quand j'ai vu ça, je me suis mise à pleurer ».

Impossible de ne pas pleurer quand on aperçoit la barbiche tout comme sur le portrait. La petite barbe d'Iliitch occupe, en général, une place importante dans les souvenirs des enfants. C'est à la barbe que les enfants reconnaissent la maturité, la virilité, l'esprit combatif; celle d'Iliitch était toute petite, mais elle avait une grande importance parce qu'elle était *à lui*. En outre, tout à fait comme sur le portrait. Donc, les portraits disent la vérité. Donc, tout le reste est aussi vrai. Telle est la valeur du témoignage de la barbiche de Lénine. Ensuite, la petite fille écrivain raconte d'une manière inimitable comment elle s'est fait, de ses propres moyens, un insigne à porter sur la poitrine. Mais la citation nous entraînerait trop loin. Celui qui voudrait sérieusement savoir comment on peut se fabriquer l'insigne de Lénine, quand on n'a pas de quoi en acheter un, n'aurait qu'à lire le petit livre des enfants sur Iliitch. Il y trouverait tous les renseignements indispensables...

Voici encore des vers, d'un ton pathétique, sur la mort du grand maître :

Quand on te portait pour t'enterrer,
Derrière toi marchaient des millions d'hommes,
Marchaient et portaient des drapeaux;
Les gens sanglotaient, les canons tonnaient,
Dans les usines et les fabriques grondaient les sirènes;
Le monde entier savait que tu es mort.

C'est ainsi que nous enterrions le chef. Les usines et les fabriques étaient ébranlées d'un grondement, les drapeaux et les canons proclamaient la grandeur du trépassé, des millions d'hommes sanglotaient derrière le cercueil. « Le monde entier savait que tu es mort ». C'est ainsi que nous t'avons enterré, Iliitch, c'est ainsi que nous t'avons quitté.

Mais le plus beau de tout, c'est peut-être cette chanson funèbre que chantait, dans un « jardin d'enfants », une fillette de cinq ans :

Tu es mort, Iliitch!
Un petit oiseau est venu, volant,
Et le soleil le réchauffait.
Tu es mort, Iliitch!
Et l'on t'a enterré,
Et tes habits sont morts.
Tu es mort, Iliitch!
Et tu es resté tout seul,
Pauvre, pauvre Iliitch !
Tu étais bon,
Je te donnerai ma chambre
Et je t'aime.
Tu reviendras encore à la lumière,
Et nous te toucherons.

Les idées se dispersent encore un peu, d'elles-mêmes, chez la petite fille de cinq ans : il est si difficile de les rassembler et de les retenir. C'est un oiseau qui arrive et le soleil qui le réchauffe, mais la chose est grave, c'est qu'Iliitch est mort : on l'a enterré, et ses vêtements sont morts, parce que les vêtements vivent et meurent avec l'homme. « Et tu es resté tout seul, pauvre, pauvre Iliitch! » Mais est-ce si certain que cela : peut-être pourrais-je te donner ma chambre, Iliitch, et tu serais encore à la lumière, et nous pourrions te toucher? — La vie ne consiste-t-elle pas à toucher et à être touché? Voilà ce que chantait la fillette sur Iliitch. Jusqu'à présent, personne n'a mieux chanté qu'elle. De grands poètes viendront plus tard qui reliront le petit livre des enfants, qui y réfléchiront profondément et chanteront au sujet d'Iliitch :

Vladimir Iliitch Lénine
Fut, en Russie, unique...

Kislovodsk, le 30 *septembre* 1924.

DISCOURS & MESSAGE

Lénine, comme type national

(A propos de son cinquantenaire)

L'internationalisme de Lénine n'a pas besoin de recommandations. Il se caractérise admirablement par l'intransigeante rupture que Lénine accomplit, dès les premiers jours de la guerre mondiale, avec cette contrefaçon d'internationalisme qui dominait dans la IIe Internationale. Les leaders officiels du « socialisme » conciliaient, du haut de la tribune parlementaire, les intérêts de la patrie avec ceux de l'humanité par des arguments abstraits dans le goût des cosmopolites d'autrefois. En pratique, cela menait, comme nous savons, à soutenir une patrie de pillards en utilisant pour cela les forces du prolétariat.

L'internationalisme de Lénine, loin d'être une conciliation purement verbale entre l'esprit national et l'international, est une formule d'action révolutionnaire étendue à tous les peuples. Le territoire mondial occupé par ce que l'on appelle l'humanité civilisée est considéré comme un immense et unique champ de bataille dans lequel manœuvrent les peuples et les classes. Pas une seule des grandes questions humaines ne doit se resserrer dans un cadre national. Des fils visibles ou invisibles établissent un lien efficace entre le fait qui peut sembler national et des dizaines d'autres faits qui se produisent sur tous les points du globe. Dans les appréciations qu'il donne sur les forces et les facteurs de la vie internationale, Lénine est plus exempt que quiconque de toute partialité nationale.

Marx estimait que les philosophes avaient suffisamment interprété le monde; pour lui, le problème consistait à le transformer. Mais, génial précurseur, il ne vécut pas assez longtemps pour assister à cette transformation. Le remaniement du vieux monde est à présent en pleine action, et Lénine en est le premier ouvrier. Son internationalisme consiste à juger pratiquement de toutes choses et à intervenir pratiquement dans l'histoire, sur un plan mondial, en poursuivant des fins mondiales. La Russie et ses destinées ne constituent qu'un des éléments de ce grandiose procès historique dont l'issue fixera le sort de l'humanité.

Non, l'internationalisme de Lénine n'a pas besoin d'être démontré. Mais en même temps, Lénine lui-même est profondément national. Il a ses racines dans la nouvelle histoire de la Russie; il concentre cette histoire en lui-même; il lui donne sa plus haute expression et c'est précisément par là qu'il atteint les sommets de l'action internationale et de l'influence mondiale.

A première vue, il peut sembler bien surprenant que l'on caractérise Lénine par son côté « national », mais en somme, cela devrait aller de soi. Pour diriger une révolution inouïe dans l'histoire des peuples, le bouleversement par lequel passe la Russie, il faut évidemment qu'il existe entre le chef et les forces profondes de la vie populaire un lien indissoluble, organique, atteignant les racines les plus profondes.

En Lénine s'incarne le prolétariat russe, — une classe toute jeune qui, politiquement parlant, n'est guère plus âgée que Lénine lui-même; mais une classe profondément nationale, car en elle se résume toute l'évolution précédente de la Russie, en elle est tout l'avenir du pays, avec lui vit et se transmue la nation russe. L'indépendance à l'égard de toute routine, de l'hypocrisie et des formules conventionnelles, la hardiesse de la pensée, l'audace dans l'action, — audace qui ne devient jamais téméraire, — voilà ce qui caractérise le prolétariat russe, — et Lénine en même temps.

Cette nature du prolétariat russe qui fait de lui, actuellement, la plus importante des forces de la révolution internationale, a été élaborée par toute l'histoire nationale de la Russie : par la cruauté barbare de l'autocratie, par la nullité des classes privilégiées, par le développement fiévreux du capitalisme, activé sous l'influence de la haute banque mondiale, par la déchéance de la bourgeoisie russe, par la décadence de son idéologie et la médiocrité de sa politique. Notre « Tiers-Etat » n'a pas eu et ne pouvait avoir sa Réforme, ni sa Grande Révolution. La tâche révolutionnaire du prolétariat russe n'en était que plus étendue, plus universelle. Notre passé ne nous a donné ni un Luther, ni un Thomas Munster, ni un Mirabeau, ni un Danton, ni un Robespierre. C'est pour cela précisément que le prolétariat russe a son Lénine. Ce qui a été perdu en tradition est gagné dans l'envergure de la révolution.

Lénine est le reflet, l'image de la classe ouvrière non seulement dans son présent prolétarien, mais aussi dans son passé paysan encore tout récent. Le plus indiscutable des chefs du prolétariat n'a pas seulement l'aspect extérieur d'un moujik, il en a la forte nature intérieure.

Devant l'Institut Smolny s'élève le monument d'un autre grand homme du prolétariat mondial : Marx sur un socle de pierre, en redingote noire. Ce n'est qu'un détail, bien entendu : mais il est impossible de se représenter Lénine en redingote. Certains portraits de Marx nous le montrent portant un large plastron empesé sur lequel se dessine une sorte de monocle. Marx n'était pourtant guère disposé à la coquetterie : c'est assez clair pour celui qui le connaît un peu. Mais il est né et il a grandi sur un autre terrain de culture nationale, il a respiré une autre atmosphère : l'élite de la classe ouvrière allemande ne se rattache pas au village, à la paysannerie, mais à l'artisanat, aux corporations et à cette complexe culture urbaine qui procède du Moyen Age.

Le style même de Marx, qui a de la richesse et de la beauté, qui combine la vigueur et la souplesse, la colère et l'ironie, l'austérité et le raffinement, porte en lui l'héritage littéraire et esthétique de toute la littérature allemande sociale et politique qui date de la Réforme et d'auparavant. Le style écrit et oratoire de Lénine est extrêmement simple, utilitaire, ascétique, comme sa nature même. Mais dans ce puissant ascétisme il n'y a pas l'ombre d'un préjugé de moraliste. Ce n'est pas un principe, ce n'est pas un système préconçu et, naturellement, ce n'est pas de la pose : c'est simplement l'expression d'une concentration intérieure des forces destinées à l'action. C'est l'esprit pratique, c'est l'économie intérieure du moujik, — mais sur un plan grandiose.

Marx se retrouve tout entier dans le *Manifeste Communiste*, dans la préface à sa *Critique*, dans le *Capital*. Si même il n'avait pas fondé la Première Internationale, il serait resté à jamais tel qu'il nous apparaît aujourd'hui. Au contraire, Lénine est tout dans l'action révolutionnaire. Ses travaux scientifiques ne sont qu'une préparation à l'action. S'il n'avait même publié aucun livre, il serait entré dans l'histoire tel qu'il y entre à présent : comme chef de la révolution prolétarienne et fondateur de la IIIe Internationale.

Un clair système scientifique, une dialectique matérialiste, voilà l'indispensable pour l'action étendue au plan historique sur lequel devait travailler Lénine; voilà l'indispensable, mais cela ne suffit pas encore. Il faut encore ajouter la force créatrice profonde et secrète que nous appelons l'intuition : la capacité d'apprécier en un clin d'œil, et comme au vol, les événements, de discerner l'essentiel et l'important en rejetant les broutilles et les détails, de compléter par l'imagination les lacunes du tableau, d'achever la pensée des autres et notamment, et surtout, de prévoir jusqu'au bout la pensée des adversaires; la capacité d'unifier tous ces éléments et de porter des coups au moment même où se constitue dans l'esprit la « formule » du coup nécessaire. C'est l'intuition de l'action. C'est la capacité d'un esprit pratiquement inventif.

Lorsque Lénine, fermant à demi l'œil gauche, écoute la lecture d'un radio qui lui apporte le discours parlementaire d'un des dominateurs de l'impérialisme ou une note diplomatique d'un intérêt immédiat, — document dans lequel il retrouve la perfidie sanguinaire combinée avec l'hypocrisie la plus exquise, — il ressemble à un moujik des plus matois qui ne se laisse pas prendre aux phrases, qui n'est pas la dupe des grands mots. Il est alors le moujik inventif et adroit, mais à la plus haute puissance, au degré génial, et muni des armes de la science les plus perfectionnées.

Le jeune prolétariat de Russie n'a pu accomplir son œuvre actuelle qu'en entraînant avec lui la lourde masse de la paysannerie, comme on arrache une motte de terre avec les racines. Tout notre passé national a préparé cet événement. Mais c'est justement parce que l'histoire a porté le prolétariat au pouvoir, c'est pour cela que notre révolution a surmonté d'un seul coup et radicalement l'esprit national borné, l'esprit provincial si limité de l'ancienne histoire de Russie. La Russie Soviétiste n'est pas seulement devenue l'asile de l'Internationale Communiste; elle est la vivante expression de son programme et de ses méthodes.

Par les voies inconnues, encore ignorées de la science, que suit la personnalité humaine pour se former, Lénine a absorbé du milieu national tout ce dont il avait besoin pour accomplir la plus grande action révolutionnaire dans l'histoire universelle. C'est précisément pour cela qu'à travers Lénine la révolution socialiste qui avait depuis longtemps son expression théorique internationale a trouvé sa première incarnation nationale. Lénine est devenu ainsi, dans le sens le plus direct, le plus immédiat, le conducteur révolutionnaire du prolétariat mondial. Voilà ce que l'on peut dire de lui, voilà ce que l'on reconnaît en lui au jour de son cinquantenaire.

(*Pravda*, n° 86, 23 avril 1920.)

II

Lénine, blessé

(Discours à la séance du Comité Exécutif Central Panrusse le 2 septembre 1918)

Camarades, les fraternelles acclamations que j'entends, je les interprète en ce sens qu'aujourd'hui, en ces pénibles heures et ces dures journées, nous éprouvons tous, comme des frères assemblés, un profond besoin de nous resserrer, de nous rattacher de plus près à nos organisations soviétistes, de nous grouper plus étroitement sous notre drapeau communiste. En ces jours et ces heures pleins d'alarmes, alors que le porte-drapeau du prolétariat, le nôtre et l'on peut dire celui du monde entier, est étendu, luttant sur sa couche de douleur contre le terrible spectre de la mort, nous sommes plus proches les uns des autres qu'aux heures de victoire...

La nouvelle de l'attentat commis contre le camarade Lénine nous a atteints, d'autres camarades et moi, à Sviajsk, sur le front de Kazan. Là-bas, des coups nous étaient portés, les uns venaient de droite, les autres de gauche, d'autres en pleine face. Mais ce nouveau coup nous frappait dans le dos, venant du lointain arrière-front. Ce coup de traîtrise a ouvert un nouveau front, — le plus douloureux, le plus alarmant à l'heure actuelle : le front sur lequel Vladimir

Iliitch défend sa vie contre la mort. Et quels que soient les échecs qui peuvent encore nous attendre sur tel ou tel point de la grande bataille, — je crois fermement à la prochaine victoire que nous remporterons ensemble, — mais pour la classe ouvrière de Russie et du monde entier, aucun échec partiel ne serait aussi pénible, aussi tragique que celui dont nous serions menacés si la bataille engagée au chevet de notre conducteur devait se terminer par une défaite.

Il n'est pas difficile d'imaginer toute la violence de haine concentrée que cette grande figure a suscitée et suscitera dans tous les ennemis de la classe ouvrière. Car la nature a bien fait les choses quand elle a placé dans un seul homme l'image incarnée de la pensée révolutionnaire et de l'indomptable énergie du prolétariat. Cette figure, — c'est Vladimir Iliitch Lénine.

La galerie des chefs ouvriers, des militants révolutionnaires est très nombreuse et très diverse; beaucoup d'entre nous qui travaillent depuis bientôt trente ans pour la révolution ont eu l'occasion de rencontrer, dans divers pays, des types très différents du leader ouvrier, du représentant révolutionnaire de la classe ouvrière. Mais ce n'est qu'en notre camarade Lénine que nous reconnaissons l'homme fait pour notre époque de sang et de fer.

Derrière nous est restée l'époque du développement appelé pacifique de la société bourgeoise, lorsque les oppositions d'intérêts se multipliaient graduellement; c'était alors pour l'Europe la période dite de la paix armée et le sang ne coulait guère que dans les colonies où le capital rapace torturait les peuples les plus arriérés. L'Europe jouissait de la paix sous le régime du militarisme capitaliste.

Alors se formaient, se définissaient les chefs les plus représentatifs du mouvement ouvrier européen. Parmi eux, nous avons connu le merveilleux leader que fut Auguste Bebel, le grand défunt. Mais il reflétait le temps d'un développement progressif et lent de la classe ouvrière. Très courageux, doué d'une énergie de fer, il se distinguait en même temps par une extrême prudence dans ses mouvements; il tâtait le terrain, il pratiquait une stratégie de temporisation et de préparation. En lui était l'expression d'une croissance graduelle, d'une accumulation moléculaire des forces du peuple ouvrier; sa pensée avançait, mais elle marchait pas à pas, de même que la classe ouvrière allemande, à l'époque de la réaction mondiale, ne s'élevait que peu à peu, se débarrassant de ses ténèbres et de ses préjugés. La nature spirituelle du grand Allemand croissait, se développait, devenait plus forte et plus haute, mais toujours sur le même terrain d'attente et de préparation. Tel était Auguste Bebel dans ses pensées et ses méthodes, la plus belle figure d'une époque qui s'éloigne déjà dans l'éternité du passé.

Notre époque est faite d'une autre matière. Toutes les oppositions d'intérêts qui se manifestaient de plus en plus fréquemment dans le passé ont amené une explosion formidable; elles ont déchiré la surface de la société bourgeoise; toutes les bases du capitalisme mondial ont été ébranlées par l'épouvantable carnage des peuples européens. C'est l'époque qui nous a dévoilé tous les antagonismes des classes, qui a placé les masses populaires devant une terrible réalité, en leur montrant que des millions d'hommes devaient périr pour les intérêts de cyniques profiteurs. Or, pour cette époque, l'histoire de l'Europe Occidentale a oublié, ou n'a pas eu l'idée, ou a été incapable de se donner un chef, et c'est fort compréhensible : car tous ceux qui, à la veille de la guerre, jouissaient particulièrement de la confiance des ouvriers d'Europe, étaient les représentants d'hier et non ceux d'aujourd'hui...

Et lorsque survint la nouvelle époque, les anciens chefs furent incapables de se mesurer avec elle : ce fut le temps de terribles ébranlements et de sanglantes batailles.

L'histoire voulut alors, et non par hasard, créer en Russie une figure d'un seul bloc, une figure qui représentât bien toute la rudesse et la grandeur de notre temps. Je le répète, ce n'était pas par hasard.

En 1847, l'Allemagne arriérée fit surgir de son milieu Marx, le plus grand des militants de la pensée, qui avait prévu et indiqué les voies de la nouvelle histoire. Oui, l'Allemagne était alors un pays arriéré, mais il était dans le dessein de l'histoire de pousser les intellectuels d'Allemagne vers une période de développement révolutionnaire; et le plus grand des représentants de l'intelligence, riche de toute la science qu'elle avait acquise, rompit avec la société bourgeoise, se dressa sur le terrain du prolétariat révolutionnaire, élabora un programme de mouvement ouvrier et une théorie du développement de la classe ouvrière.

Ce que Marx avait prédit, notre époque était appelée à l'accomplir. Et pour cela, elle avait besoin de nouveaux chefs qui seraient animés du grand esprit de notre temps; la classe ouvrière, en effet, s'élevant enfin à la hauteur de sa tâche, apercevait clairement la haute cime qu'il lui fallait franchir si elle voulait sauver l'humanité et non la laisser pourrir, comme une charogne, sur la grande voie de l'histoire.

Pour cette époque-ci, la Russie a donné un nouveau chef. Tout ce qu'il y avait de meilleur dans les intellectuels révolutionnaires d'autrefois, leur esprit d'abnégation, leur audace, leur haïne de l'oppression, tout cela s'est concentré dans cette figure qui, pourtant, dès sa jeunesse, a rompu sans retour avec le monde des intellectuels dont elle voyait bien la liaison avec la bourgeoisie, et qui a pris en elle tout le sens et l'essence du mouvement ouvrier. S'appuyant sur le jeune prolétariat révolutionnaire de Russie, utilisant la riche expérience du mouvement ouvrier mondial, se servant de son idéologie comme d'un levier pour l'action, cette figure s'est dressée de toute sa taille sur le firmament politique. C'est la figure de Lénine, du plus grand homme de notre époque révolutionnaire. (*Applaudissements.*)

Je sais, et vous savez également, camarades, que le sort de la classe ouvrière ne dépend pas des individus; mais cela ne signifie pas que les personnalités soient indifférentes à l'histoire de notre mouvement et au développement de la classe ouvrière. L'individu ne peut modeler la classe ouvrière à son image, et ne peut indiquer au prolétariat, selon son gré, telle ou telle route à suivre; mais il peut contribuer à l'accomplissement des tâches indispensables, il peut accélérer le mouvement vers le but final.

Les critiques de Karl Marx faisaient observer qu'il avait prévu la révolution comme beaucoup plus prochaine qu'elle ne l'a été en réalité. A quoi l'on répondait, avec pleine raison, qu'il s'était placé sur une haute montagne et que, par conséquent, les distances lui avaient semblé plus courtes.

Vladimir Iliitch a été critiqué plus d'une fois, par bien des militants, moi entre autres, parce qu'il avait l'air d'ignorer certaines causes secondaires, certaines circonstances accessoires. Je dois dire que pour une époque de développement « normal », c'est-à-dire lent, c'était peut-être un défaut pour un homme politique; mais c'était le plus grand privilège du camarade Lénine, en tant que chef d'une nouvelle époque, que tout l'accessoire, tout l'extérieur, tout le secondaire reculaient et tombaient devant lui, et qu'il ne restait pour lui que l'antagonisme essentiel, irréductible, des classes, sous le terrible aspect de la guerre civile. Tendant en avant son regard de révolutionnaire, Lénine avait au plus haut degré le don d'apercevoir et d'indiquer le principal, l'essentiel, l'indispensable. Et ceux qui comme moi ont dû observer de près, dans cette période, le travail de Vladimir Iliitch, l'activité de sa pensée, ceux-là ont nécessairement éprouvé une admiration sans bornes, — je dirais : des transports d'admiration, — devant cette perspicace, cette pénétrante pensée qui rejette tout l'extérieur, le fortuit, le superficiel, en marquant les voies principales et les moyens d'action.

La classe ouvrière n'apprend à apprécier que ceux d'entre les chefs qui, ayant frayé le chemin de son développement, marchent d'un pas sûr et persévérant, quand bien même les préjugés du prolétariat seraient parfois pour eux des obstacles. Aux puissants dons de penseur de Vladimir Iliitch s'ajoute une inébranlable volonté; et ces qualités constituent, quand elles sont réunies, le véritable chef révolutionnaire, courageux, irrésistible par la pensée, inébranlable dans sa volonté.

Quel bonheur pour nous que tout ce que nous disons, entendons et lisons dans les résolutions sur Lénine ne soit pas pour déplorer sa perte! Et pourtant, le danger a été très grand... Nous sommes certains que sur ce nouveau point de la bataille, si proche, qui se trouve dans une chambre du Kremlin, la vie l'emportera et que Vladimir Iliitch reviendra bientôt dans nos rangs.

Si j'ai dit, camarades, que Lénine incarne la courageuse pensée et la volonté révolutionnaire de la classe ouvrière, on peut affirmer qu'il y a comme un symbole, comme un conscient dessein de l'histoire dans ce fait qu'en de pénibles heures où la classe ouvrière de Russie, tendant toutes ses forces, combat sur les fronts extérieurs les Tchéco-Slovaques, les gardes blancs, les mercenaires de l'Angleterre et de la France, notre chef résiste aux blessures, se défend contre la mort que voulaient lui donner les agents de ces mêmes gardes blancs, de ces Tchéco-Slovaques, de ces mercenaires de l'Angleterre et de la France. Il y a entre ces circonstances un lien intérieur. Il y a dans ces événements un profond symbole historique. Certes, nous sentons, nous voyons tous, dans notre lutte sur le front tchéco-slovaque, anglo-français, sur le front des gardes blancs, nous sentons avec certitude nos forces s'accroître de jour en jour et d'heure en heure (*Applaudissements*), — je puis l'affirmer en témoin oculaire, j'arrive du théâtre des opérations; — oui, nous nous affermissons tous les jours, nous serons plus forts demain que nous ne l'étions hier et après-demain plus que demain, — et, je n'en doute pas, le jour est proche où nous pourrons vous dire que Kazan, Simbirsk, Samara, Oufa et d'autres villes momentanément occupées par l'ennemi, rentreront dans notre famille des Soviets; — mais de même nous espérons que le rétablissement de Lénine ne se fera pas plus attendre.

En ce moment même, la belle image du chef blessé, hors de combat pour quelque temps, s'élève devant nous, s'impose à nos regards. Nous savons qu'il ne nous a pas abandonnés une minute car, même fauché par les balles des traîtres, il nous exhorte, il nous appelle, il nous pousse en avant. Je n'ai pas vu un seul camarade, pas un seul ouvrier honnête dont les bras soient tombés de découragement à la nouvelle du perfide attentat; mais j'en ai vu des dizaines qui serraient les poings, qui cherchaient des armes à saisir; j'ai entendu des centaines et des milliers d'hommes jurer une vengeance implacable aux ennemis de classe du prolétariat. Inutile de vous raconter quels furent les sentiments des militants conscients sur le front quand ils apprirent que Lénine gisait, ayant deux balles dans le corps. Nul n'oserait dire que Lénine, par son caractère, n'avait pas la résistance du métal; l'ennemi a voulu qu'il y eut du métal jusque dans sa chair; il n'en sera que plus aimé de la classe ouvrière de Russie.

Je ne sais si nos paroles et si les battements de nos cœurs seront entendus au chevet du camarade Lénine; mais, je n'en doute pas, il sent bien que nous sommes avec lui. En proie à la fièvre, il sait que nos cœurs, comme le sien, battent doublement, triplement plus fort. Tous nous comprenons plus clairement que jamais que nous sommes les membres d'une seule famille communiste soviétiste. Jamais la vie individuelle de tel ou tel d'entre nous ne nous a semblée si secondaire qu'à un moment où l'existence du plus grand homme de notre temps est en danger. N'importe quel imbécile peut tirer sur Lénine et lui perforer le crâne; mais il serait bien difficile de retrouver une si belle tête et la nature elle-même ne pourrait si aisément reconstituer son œuvre.

Mais non, il se lèvera bientôt, pour penser, pour créer, pour combattre à nos côtés. Quant à nous, nous promettons à notre chef bien-aimé de rester fidèles, tant que la pensée vivra en nous, tant que le sang fera battre nos cœurs, fidèles au drapeau de la révolution communiste. Nous lutterons contre les ennemis de la classe ouvrière jusqu'à notre dernière goutte de sang, jusqu'à notre dernier souffle. (*Salves prolongées d'applaudissements*).

III

Lénine, malade

(Extrait d'un discours à la VIIe Conférence du Parti de l'Ukraine, le 5 avril 1923)

Camarades, en ce qui concerne la clarté de la pensée et la fermeté de notre Parti, nous avons subi, cette année, de nouvelles épreuves de l'expérience. Cette vérification a été pénible, parce qu'elle nous est venue en conséquence d'un fait dont se ressent rudement en sa conscience tout notre Parti, d'un fait douloureux pour les grandes masses de la population laborieuse et, serait-il plus juste de dire, pour tous les travailleurs de notre pays, pour un nombre considérable de travailleurs dans le monde : je parle de la maladie de Vladimir Iliitch.

Lorsque son état s'aggrava, au début de mars, et que le Bureau Politique se réunit pour délibérer sur les communications à faire à ce sujet au Parti, au pays, — j'imagine, camarades, que vous comprenez dans quel état d'esprit eut lieu cette séance : nous devions révéler la triste, l'inquiétante nouvelle par un premier bulletin.

Bien entendu, à cette minute, nous restions avant tout des hommes politiques. Personne ne nous en fera le reproche. Nous ne pensions pas seulement à la santé du camarade Lénine; certes, à ce moment, nous nous inquiétions avant tout des réactions physiques dans lesquelles il se débattait, des pulsations de son cœur, du degré de sa température; mais nous nous demandions aussi quelle impression le bulletin médical allait produire sur la vie politique, sur les pulsations du cœur de la classe ouvrière et de notre Parti.

Anxieusement et pourtant avec une foi profonde dans les forces du Parti, nous nous dîmes qu'il fallait, dès l'apparition du danger, en informer nos camarades et tout le pays.

Cela ne faisait aucun doute pour nous : nos ennemis essaieraient d'utiliser cette nouvelle pour jeter le trouble dans la population, surtout parmi les paysans, pour lancer des nouvelles alarmantes, etc.; mais aucun de nous ne douta non plus de la nécessité de faire connaître au Parti l'état des choses : dire ce qui était, c'était faire appel plus hautement à la responsabilité de chacun des membres du Parti.

Notre organisation se compose d'un demi-million d'hommes; c'est une vaste collectivité qui a une grande expérience, mais dans cette imposante armée, Lénine occupe une place qui ne peut se comparer à aucune autre.

Il n'y a pas, il n'y eut jamais dans l'histoire d'homme qui influât comme Lénine sur le sort non seulement d'un pays, mais de l'humanité entière; il n'y a pas de commune grandeur qui nous donne la proportion historique de Vladimir Iliitch. Et voilà pourquoi son éloignement prolongé du travail, son état grave devaient nécessairement nous jeter dans une profonde inquiétude, en tant qu'hommes politiques. Sans doute, sans doute, nous savons que la classe ouvrière vaincra par elle-même. Il est dit, dans un de nos hymnes : « Il n'est pas de sauveur suprême », pas de « héros » suprême... Et c'est juste, mais cela n'est juste que dans le compte définitif de l'histoire : finalement, la classe ouvrière vaincra, et elle serait victorieuse même s'il n'avait jamais existé de Karl Marx, même s'il n'y avait pas eu d'Oulianov-Lénine. La classe ouvrière aurait su élaborer d'elle-même les idées dont elle a besoin, les méthodes qui lui sont indispensables; mais ce travail aurait été plus lent.

La classe ouvrière, en deux points culminants de son évolution, a dressé deux figures, Marx et Lénine: c'est là un avantage formidable pour la révolution.

Marx est le prophète qui apporte les tables de la loi; Lénine est le grand exécuteur des commandements; il n'adresse pas comme Marx son enseignement à une aristocratie prolétarienne, mais il parle aux masses, aux peuples, il leur donne une expérience dans les circonstances les plus difficiles, il agit, il manœuvre, il remporte la victoire.

Notre travail pratique de cette année n'a pu se faire qu'avec une participation réduite de Vladimir Iliitch. Dans le domaine des idées, nous avons reçu de lui récemment certains avertissements, certaines indications qui nous guideront pour plusieurs années, — sur la question paysanne, sur l'appareil de l'Etat, sur la question nationale...

Or, il nous fallait annoncer que son état s'était aggravé. Nous nous demandions avec une inquiétude bien naturelle quelles déductions allait faire la masse des sans-parti, la masse paysanne, celle de l'armée rouge; dans notre appareil gouvernemental, c'est Lénine, tout le premier, qui a la confiance du paysan. Indépendamment de toutes autres considérations, Iliitch est notre grand capital moral dans les rapports établis entre la classe ouvrière et la paysannerie. Le paysan ne penserait-il pas, — se demandaient certains d'entre nous, — que, Lénine étant éloigné pour longtemps du travail, sa politique serait modifiée? Comment allait réagir le Parti?

Quelle serait l'attitude de la masse ouvrière, du pays?

Dès que parurent les premiers bulletins qui donnaient l'alarme, le Parti, dans son ensemble, se ramassa, se resserra, se redressa moralement.

Certes, camarades, le Parti est composé d'hommes vivants qui ont leurs défauts, leurs insuffisances; chez les communistes il y a beaucoup « d'humain, de trop humain », comme disent les Allemands; il y a des heurts entre groupes, entre personnes, certains désaccords sérieux, d'autres insignifiants; il y en aura encore, car un grand parti ne peut vivre autrement. Mais la force morale, le poids spécifique du Parti se détermine par ce qui monte à la surface, dans un bouleversement si tragique : volonté d'unité, discipline, ou bien manifestations d'ordre secondaire, personnelles, humaines, trop humaines.

Or, camarades, je pense qu'à présent nous pouvons déjà tirer notre conclusion en toute certitude : ayant senti qu'il perdait pour longtemps la direction de Lénine, notre Parti s'est resserré, a repoussé tout ce qui pouvait menacer la clarté de sa pensée, l'unité de sa volonté, sa capacité combative...

Avant de monter en wagon pour venir ici, à Kharkov, je causais avec notre commandant de Moscou, Nicolas Ivanovitch Mouralov, que beaucoup d'entre vous connaissent comme un vieux membre du Parti. Je lui demandais quelle était l'attitude du soldat de l'armée rouge, depuis que l'on avait appris la maladie de Lénine. Mouralov me dit : « Au premier instant, la nouvelle a produit l'effet d'un coup de tonnerre; il y a eu comme un recul instinctif; ensuite, tous se sont mis à réfléchir profondément sur la valeur de Lénine »...

Oui, camarades, l'homme sans-parti de l'armée rouge s'est mis à réfléchir à sa manière, mais très profondément, sur le rôle de l'individu dans l'histoire; il examine une question que nous autres, les aînés, lorsque nous étions de petits lycéens, de petits étudiants ou de jeunes ouvriers, nous avons étudiée dans les livres, et aussi dans les prisons, au bagne, dans la déportation; nous discutions alors sur les rapports du « héros » et de la « foule », sur le « facteur subjectif » et les « conditions objectives »...

Et voici qu'en 1923, notre jeune soldat de l'armée rouge s'est mis à réfléchir sur ces grandes questions; des centaines, des milliers d'hommes se recueillent; dans toute la Russie, dans toute l'Ukraine, partout, des millions de paysans se demandent quel a été le rôle personnel de Lénine dans l'histoire. Et que répondent nos instructeurs politiques, nos commissaires, nos secrétaires de groupes?

Ils répondent que Lénine est un génie, que le génie n'apparaît qu'une fois dans un siècle, et que, comme génies conducteurs de la classe ouvrière, nous n'en avons encore que deux dans l'histoire mondiale : Marx et Lénine.

On ne peut créer le génie, même par décision d'un parti tout-puissant et bien discipliné; mais on peut s'efforcer, dans la mesure du possible, de le remplacer, on peut le suppléer pendant son absence en redoublant les efforts collectifs. Voilà la théorie de la personnalité et de la classe que nos instructeurs politiques exposent, en termes simplifiés, devant le soldat sans parti de l'armée rouge. Et cette théorie est juste: Lénine, en ce moment, ne peut travailler; nous devons redoubler d'efforts, tous ensemble; nous devons considérer le danger avec une attention redoublée; nous devons protéger la révolution avec une persévérance deux fois plus grande; nous devons utiliser les possibilités de construction avec une double opiniâtreté. Et c'est ce que nous ferons tous : depuis les membres du Comité Central jusqu'au soldat sans-parti de l'armée rouge...

Notre travail, camarades, est très lent; bien qu'il se fasse en de vastes cadres, il est encore très partiel; nos méthodes sont nécessairement « prosaïques » : bilans et calculs, impôt en nature, exportation des blés... Nous faisons tout cela pas à pas, construisant l'édifice brique à brique... N'y a-t-il pas danger que notre parti ne dégénère dans ces méticuleuses préoccupations? Nous ne pourrions tolérer cette dégénérescence, pas plus que nous ne pourrions admettre, même au moindre degré, une rupture de l'unité effective; car si la période actuelle doit être sérieuse et durer longtemps, elle ne durera pas toujours. Peut-être même pas si longtemps que cela.

Une explosion révolutionnaire de grande étendue, comme serait le début d'une révolution européenne, peut venir beaucoup plus tôt qu'on ne le croit souvent parmi nous.

Si, dans les leçons stratégiques de Lénine nous devons retenir particulièrement quelque chose, c'est bien ce qu'il appelle *la politique des grands tournants* : aujourd'hui sur les barricades, demain, dans l'étable de la IIIe Douma d'Etat; aujourd'hui, l'on fait appel à la révolution mondiale, à un Octobre mondial; demain, on accepte des pourparlers avec Kühlmann et Czernin, on signe l'infâme paix de Brest-Litovsk. Les circonstances ont changé, ou bien nous les avons autrement escomptées, — nous marchons vers l'Ouest, sur Varsovie... Nous sommes obligés d'apprécier autrement la situation, — et c'est la paix de Riga, — une paix que l'on peut aussi appeler infâme, vous le savez assez...

Ensuite, c'est le travail opiniâtre, brique à brique, c'est l'économie, c'est la réduction des postes de fonctionnaires, c'est une grande vérification : a-t-on besoin de cinq téléphonistes ou de trois? Si trois suffisent, qu'on ne se permette pas d'en placer cinq, car cela coûterait au moujik quelques pouds de blé inutilement dépensés! C'est le travail quotidien, minutieux, méticuleux...

Mais regardez là-bas, dans la Ruhr, n'est-ce pas une première flamme de révolution qui monte? La révolution nous trouverait-elle transformés, dégénérés?

Non, camarades, non! Nous ne changeons point de nature; nous modifions nos méthodes et nos procédés; mais la conservation révolutionnaire du parti continue à primer pour nous toutes les autres questions.

Nous apprenons à établir un bilan, mais en même temps, nous suivons d'un œil perspicace ce qui se fait en Occident et en Orient, et les événements ne nous surprendront pas à l'improviste. Par l'épuration et l'élargissement de notre base prolétarienne, nous nous affermissons... Nous acceptons un compromis avec la paysannerie et la petite-bourgeoisie, nous tolérons les gens de la N. E. P., mais nous n'acceptons dans le parti ni ceux de la N. E. P., ni les petits-bourgeois; par l'acide sulfurique, par le fer chauffé à blanc, nous les éliminerions de notre parti s'il le fallait. (*Applaudissements*).

Et au XIIe Congrès, le premier depuis Octobre qui se sera tenu sans la participation de Vladimir Iliitch, un des très rares congrès dans l'histoire de notre parti où il ne se sera pas trouvé, nous nous dirons les uns aux autres, nous graverons parmi les commandements inscrits dans notre conscience : ne t'immobilise pas dans la routine; rappelle-toi l'art des brusques tournants; manœuvre, mais sans te dissiper; conclus des accords avec des alliés temporaires ou durables, mais ne permets pas à ton allié de s'introduire subrepticement dans le parti; reste ce que tu étais, l'avant-garde de la révolution mondiale.

Et si le tocsin retentit en Occident, — et il retentira, — nous pourrons être alors enfoncés jusqu'au cou dans nos calculs, dans nos bilans, dans la N. E. P., mais nous répondrons à l'appel sans hésitation et sans retard : nous sommes révolutionnaires de la tête aux pieds, nous l'avons été, nous le resterons jusqu'au bout. (*Tempête d'applaudissements, toute l'assistance se lève pour acclamer ces paroles*).

IV

Lénine est mort

Lénine est mort. Lénine n'est plus. Les obscures lois qui règlent le travail de la circulation artérielle ont mis un terme à cette existence. L'art médical a été impuissant à faire le miracle que l'on en attendait passionnément, que des millions de cœurs exigeaient.

Combien y a-t-il d'hommes parmi nous qui auraient volontiers donné, sans hésitation, jusqu'à la dernière goutte de leur sang pour ranimer, pour régénérer l'organisme du grand chef, de Lénine Iliitch, de l'unique, de l'inimitable? Mais il n'y a pas eu de miracle là où la science était impuissante. Et voici que Lénine n'est plus. Ces mots tombent dans la conscience formidablement, comme une roche géante tombe dans la mer. Y peut-on croire? Peut-on l'accepter?

La conscience des travailleurs du monde entier ne voudra pas admettre ce fait, car l'ennemi dispose encore d'une force terrible; la route à faire est longue; le grand travail n'est pas achevé, le plus grand qui ait été entrepris dans l'histoire; car Lénine est nécessaire à la classe ouvrière mondiale, indispensable comme, peut-être, personne ne l'a jamais été dans l'histoire de l'humanité.

Le second accès de sa maladie, beaucoup plus grave

que le premier, a duré plus de dix mois. Le système artériel, selon l'amère expression des docteurs, n'a cessé de « jouer » pendant ce temps. Terrible jeu où se débattait la vie d'Iliitch. On pouvait s'attendre à une amélioration et presque à une absolue guérison; mais on pouvait aussi s'attendre à une catastrophe. Tous nous espérions la convalescence; ce fut la catastrophe qui se produisit. Le régulateur cérébral de la respiration refusa de servir et éteignit l'organe de la géniale pensée.

Et nous n'avons plus d'Iliitch. Le parti est orphelin, la classe ouvrière est orpheline. C'est le sentiment que l'on éprouve avant tout, à la nouvelle de la mort du maître, du chef.

Comment irons-nous de l'avant? Trouverons-nous la route? N'allons-nous pas nous égarer? Car Lénine, camarades, n'est plus parmi nous...

Lénine n'est plus, mais nous avons le léninisme. Ce qu'il y avait d'immortel dans Lénine, — son enseignement, son travail, sa méthode, son exemple, — vit en nous, dans ce parti qu'il a créé, dans ce premier des Etats ouvriers, à la tête duquel il s'est trouvé et qu'il a dirigé.

Nos cœurs sont frappés, en ce moment, d'une si profonde affliction parce que, tous, nous sommes les contemporains de Lénine, nous avons travaillé à côté de lui, nous avons étudié à son école. Notre parti, c'est le léninisme en action; notre parti, c'est le chef collectif des travailleurs. En chacun de nous vit une parcelle de Lénine, ce qui constitue le meilleur de chacun de nous.

Comment marcherons-nous désormais? — Le flambeau du léninisme à la main. Trouverons-nous la route? — Oui, par la pensée collective, par la volonté collective du parti, nous la trouverons!

Et demain, et après-demain, et dans huit jours, et

dans un mois, nous nous interrogerons encore : est-ce possible que Lénine ne soit plus? Cette mort, longtemps encore, semblera un caprice invraisemblable, impossible, monstrueux, de la nature.

Que cette piqûre cruelle que nous ressentons, que chacun de nous ressentira dans son cœur en se rappelant que Lénine n'est plus, soit pour chacun de nous un avertissement de tous les jours : songeons que notre responsabilité est maintenant beaucoup plus grande. Soyons dignes du chef qui nous a instruits!

Dans l'affliction, dans le deuil, serrons les rangs, rapprochons nos cœurs, tenons-nous plus étroitement groupés pour les nouvelles batailles!

Camarades, frères, Lénine n'est plus parmi nous. Adieu, Iliitch! Adieu, chef!...

Gare de Tiflis, 22 janvier 1924.

[illegible] LA COOTYPOGRAPHIE, 11, R. DE METZ, COURBEVOIE. TÉL. [illegible]

Table des Matières

Préface 5

Lénine et l'ancienne « Iskra » 9

Autour d'Octobre 61

I. Avant Octobre 61
II. Le Coup d'Etat 81
III. Brest-Litovsk 91
IV. La dissolution de la Constituante 105
V. Le travail gouvernemental 115
VI. Tchécoslovaques et S.-R. de gauche 132
VII. Lénine à la tribune 142
VIII. Le philistin et le révolutionnaire 152
IX. Du vrai et du faux Lénine 166
X. Les Petits et le Grand 189

Discours et Message 205

I. Lénine, comme type national 205
II. Lénine, blessé 211
III. Lénine, malade 219
IV. Lénine est mort 227

www.ingramcontent.com/pod-product-compliance
Ingram Content Group UK Ltd.
Pitfield, Milton Keynes, MK11 3LW, UK
UKHW022012170726
13837UKWH00001B/144

9 782329 201603